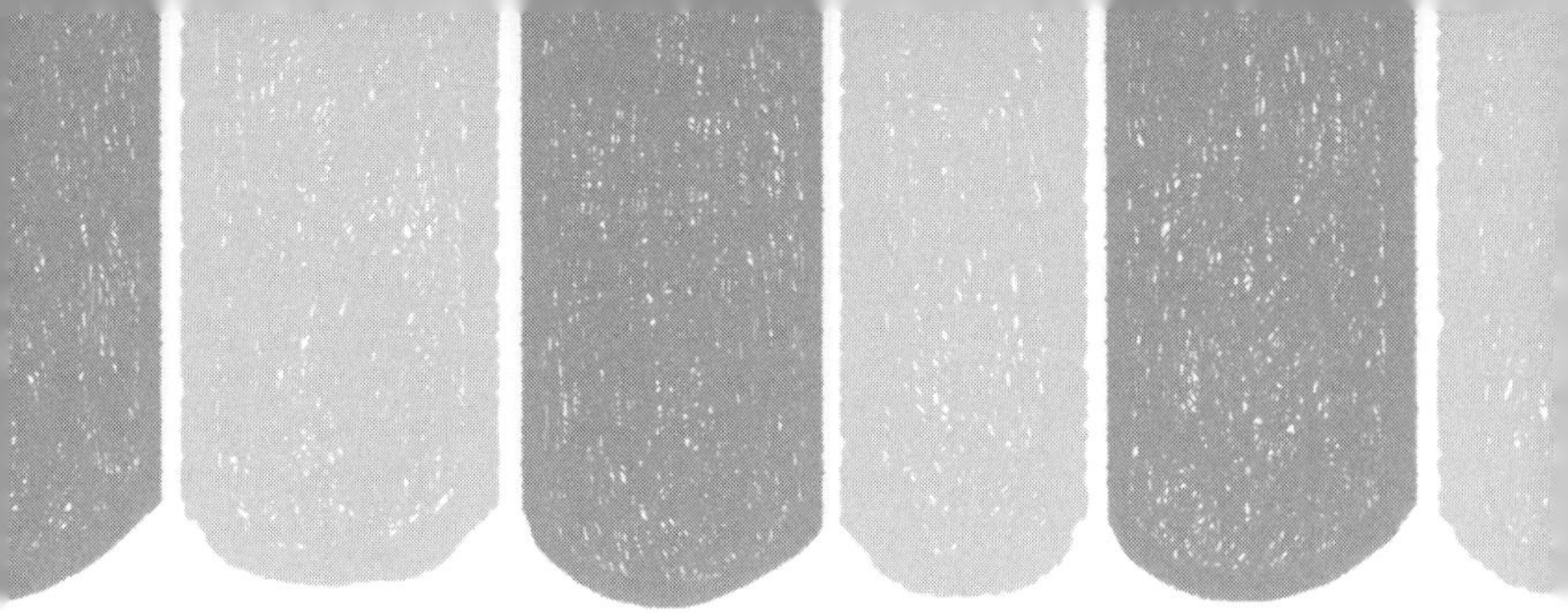

信じても苦しい人へ

― 神から始まる「新しい自分」

中村 穣

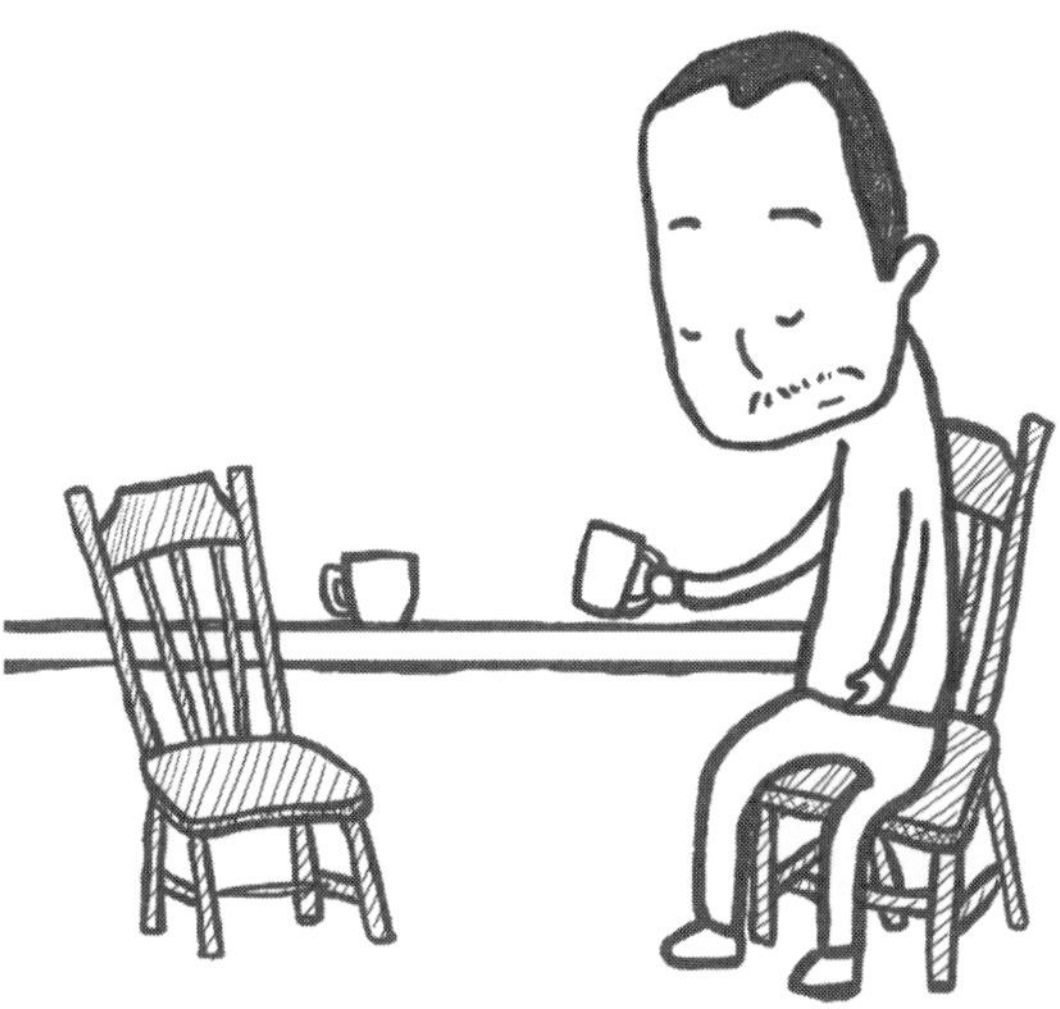

いのちのことば社

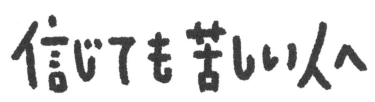

序　現代人の信仰――信仰の出発点はどこ？

はじめまして。私は、都会から少し離れた埼玉県の山のほうの教会で牧師をしています。教会では週に一度カフェもしています。そのカフェで、現代社会の波に揉まれ、傷ついた方、居場所がないと感じる方、信仰の悩みを抱えている方々が癒やされる場所を作りたい、共に寄り添いたいと考えています。

本書では、私がそのような方々に寄り添いながら、神さまから教えられてきたこと、考えさせられていることを少し分かち合えればと願っています。もしかしたら、今までとは少し違った視点で、信仰について考えることになるかもしれません。本書がみなさんの癒やし、信仰の回復と成長の場となれば幸いです。

神を感じない＝信仰がない？

信仰の悩み相談を受ける中で多く聞くのは、「信仰をもったときには神さまを近くに感じたのに、今は神さまを感じない。神さまから離れてしまったのだろうか」ということです。現代の信仰の問題の一つは、〝神を感じないと信仰がない〟と判断してしまうことだと感じています。ここでじっくり考えたいのですが、私が感じないと神はいない、自分から離れてしまったというのは、本当にそうでしょうか？　小さい人間の頭で理解できる範囲で、神の思いを決めつけてしまうのはどうでしょうか。

私の足りない頭で理解できる程度の神なら、私は信用できませんし、何の魅力も感じません。私の理解を超える存在だから魅力があるのです。たとえ感じなくても、神は私の理解を超えるところでちゃんと私を導き、見守り、愛し続けておられます。それを知るのは感情ではなく、それこそ信仰です。私が何も感じなくても、神を信頼する。それが信仰のはずです。

その信仰が見えなくなってしまうのは、信仰の出発点が「自分」だからだと思っています。私が感じなくても、神は私を見捨てないお方であることを自分の力で信じるのではなく、その事実を受け取ることが大切だと思います。〝自分の力で信じる〟という自分からの出発と、〝その事実を受け取る〟という受け身の姿勢（神からの出発）とでは大きな違いが生まれます。

神を信じることは、とても尊いことです。しかし信仰を自分の力で信じることだと理解してしまうと、どうしても出発点が「自分」になります。自分には確信をもてないのが人間です。だから自分から始まると確信がないので不安になり、苦しむのです。それは神を信頼しているようで、実は神より自分を信頼している姿なのです。「私」が自分の王座に座ってコントロールしようとしているのです。自分の力ではどうにもできなくなったときだけ、神に助けを求めているのかもしれませんね。

「信仰」というギリシア語は、「信頼」という言葉のほうが元の意味に近いように思います。神は私たちが感じなくなっても、私たちを見捨てずに恵みを注いでくださるお方です。私たちが神をあきらめても、神はあなたをあきらめません。私たちが信じられなくなっても、信じる力を与えてくださいます。神が私たちに信仰を与えてくださるのです。その信頼を受け取ることが、本当の意味での私たちの〝信仰の始まり〟なのです。

「なぜ」と「どうしたら」

この〝信仰の始まり〟を惑わすものに、一つの疑問詞があります。それは「how」という、「どうしたら？」と問うものです。現代の思想は、この「how（どうしたら）」から始まっていると言っても過言ではないくらい、大きな影響があります。物事の本質を見えなくする性質が、この「how」にはあるのです。

私たちは疑問があると、どうしても同時に二つのことを考える癖がついています。「なぜ神さまは答えをくれないのか。どうしたらいいのか」という悩み方です。

しかしこの悩みには二つの異質の、また共存できない質問が並んでいます。「なぜ（why）」という質問は本質を問います。「どうしたら（how）」という質問は方法を問うものです。

たとえば、「なぜ教会に友だちを連れて行くのか」と五回質問すると、〝福音を伝えたいから↓なぜ？↓喜びが必要だから↓なぜ？↓イエスさまの愛を教えたい↓なぜ？↓イエスさまはあなたを見捨てないから↓なぜ？↓イエスさまは神だから〟と本質に向かいます。

では、「どうしたら教会に友だちを連れて来られるか」と五回質問するとどうなるでしょう。〝上手に教会を紹介する↓どうしたら？↓チラシを効果的に使う↓どうしたら？↓たくさん配る↓どうしたら？↓たくさんの友だちに渡す↓どうしたら？↓やさしく渡す〟と、方法論に向かいます。

このように「なぜ」と「どうしたら」は共存できないので、同時に考えると〝本質〟が〝方法論〟に埋もれてしまい、意義が見いだせずに、戸惑い、苦しくなるのです。現代社会に生きる私たちは、どうもすぐに答えが欲しい、と最短距離を行きたがる傾向があります。信仰においても、「どうしたら」を考えすぎているように感じています。

「変わりたい、もっと成長したい」と思うとき、私たちはすぐにどうしたらいいのかを考え始めてしまいます。そうすると「私」に焦点が集まり、「神」

が見えにくくなります。私たちの信仰の出発点を「神」にするためには、神が私に何をしなさいと言っているかを聞く必要があります。

そのためには、「どうしたら」という思いを脇に置き、主の十字架の前に謙遜に進み出なければなりません。信頼して、神を見上げるとき、神は私たちを見捨てず、ご自分の道を歩むことを教えてくださいます。神を見失いそうになったとき、私たちが〝つらい〟と感じるのは、自分のしてきたことや、自分の思いだけを握ってしまっていて、神ではなく、「自分」のことしか見ていない状態だからです。

コロサイ人への手紙一章九節の最後に「神の御心を十分悟り」（新共同訳）とあります。これはギリシア語では受身形の言葉で、英語では「be filled with」となっています。「悟れ」と言われると、自分の力でがんばらねばと思ってしまいます。ここの真意は、「新改訳2017」で「満たされますように」と訳しているように、神が、あなたにみこころを満たしてくださるという約束が書かれているのです。私たちの信仰の道は、私が神を理解し、大きくなるのではなく、ユダヤ人の哲学者シモーヌ・ヴェイユが言うように「私が小さく」なり、神が私の中で王になる道です。その道を共に歩んでいきたいと思います。

すべての人間は、創造者である神の視点に身を置いて、自分が生きていることは神の犠牲であるとみなさなければならない。

わたしは、神の権利放棄による存在である。

わたしが存在すればするほど、神は譲歩される。

もしもわたしが自分自身の立場よりもむしろ、神の立場を選ぶとするなら、自分の生とは、小さくなること、減少することであるとみなさなければならない。

だれでもここまで到達できるならば、キリストがその魂のなかに居を定められる。

（シモーヌ・ヴェイユ『超自然的認識』勁草書房）

目次

装丁・本文イラスト＝屋島志緒

I

信じたら、うまくいく？

うまくいかないことから始まる信仰

現代は何でもうまくやることが良いことだと判断します。悩んでいる友人がいたら、うまく解決してあげたいと思います。しかしもし、友人が相談したいと来て、話を聞いているうちに「こうしたら大丈夫だ」という解決方法が反射的に頭に浮かぶのであれば、悩める友人のそばにいないかもしれません。なぜなら、友人の苦しみに寄り添うことよりも問題の解決を目指しているからです。

私たちが解決方法を考えているときは、友人のそばではなく、解決策がたくさんつまった頭の中の倉庫にいます。どの方法を使えばうまくいくかと、倉庫に貯めてあるものを選んでいるにすぎないのです。悩む友人の思いを受け取る暇もなく、自分の経験を頼りに答えを探しているのです。

また即時性を求めることも危険です。最近は反射神経を使って、敵を素早く全滅させるようなゲームがたくさんあります。戦時下において、ナチスドイツは戦争で役に立つ兵士を育てるために、「反射神経」を育てたと言われています。人は相手が人間だと認識すると引き金を引けなくなるので、認識する前に引き金を引くことを訓練したというのです。

ＳＮＳのだれかの記事を見て、反射的に反応し、結論を出していませんか。他のだれよりも早く正しい解決策を提示したら、たくさん「いいね」がもらえる世の中です。瞬間的にだれが悪い、これが原因だ、と判断しようとしていませんか。悩んでいる人は、うまく悩みを解決してほしいのではなく、話をゆっくり聞いてもらいたいものです。解決策を探していては、相手をゆっくり愛せなくなります。この反射的な感覚が危険なのは、〝解決〟というゴールばかりを求めてしまい、相手に時間をかけて寄り添えなくなるからです。

以前、友人の結婚式のスピーチの準備をしていたときに、自分の心の愚かさに驚いたことがあります。とても大切な友人なので、じっくり何を話そうかと考えました。考えている間に、友人への感謝や喜びがあふれてきました。実際にスピーチをする時のことを考えると、涙が出てきました。しかしいざ、スピーチの原稿を書こうとすると、自分の思いは違う方向へと向いていきました。スピーチの構成はどうするか。最初は笑いが必要だ。どこで泣けるポイントを出していくか。そんなことを考えていました。

最終的に、自分の心の中から喜びはどこかに消えて、自分がうまくスピーチできるかという不安だけが残りました。友人への思いが、いつのまにか消えていたのです。そんな自分に少しがっかりしました。うまくこなすことを考えていると、最初の気持ちを見失いがちになります。

信仰においても、〝どうすればうまくできるか〟という私の思いで心を満たすと、神が与えてくれた恵みさえも見えなくなってしまいます。どうすればこの葛藤を消せるか、どうすればうまく人を愛せるかという考えは、表面的には良いことのように思いますが、自己中心的なものです。うまくいかないと自分を責めたり、信仰者として自分はだめだと思ってしまったりします。

しかし、信仰者の成長は〝私が何かをどれだけうまくできたか〟ではありません。それよりも、罪人であった私と出会ってくださったイエスさまを思い出してください。信仰者の成長はどれだけ私が低くなり、イエスさまが私の心を支配してくださっているかです。そこには〝うまくやろうという思い〟はなく、ただ〝イエスさまを慕う思い〟だけです。

それゆえに、私たちはうまくやろうとすることをやめ、神に聴くことが大切です。解決や答えがない状態にあっても、うまくいかないと思っても、それを「神の不在」とは考えず、あえて暗闇の中で光を待つのです。そうすると、「闇を隠れ家とする神」（詩篇一八・一二参照）が必ず語りかけてくださいます。

イスラエルの民を守るためにモーセが神から十戒を受け取ったとき、モーセだけが神のおられる暗闇に近づいて行ったように（出エジプト二〇・二一参照）、私たちも神から暗闇に呼ばれているのです。それは、「わたしはいつもあなたとともにいる」（マタイ二八・二〇参照）と言ってくださる神と出会うためです。

ニュッサのグレゴリオス（三三五年頃～三九四年以降）が『モーセの生涯』という本の中で、闇を隠れ家とする神を私たちは見ることができないから、この暗闇の中に入っていくのだと、人間の信仰について語っています。グレゴリオスは三位一体論の確立に貢献した四世紀の神学者で、神と人間の間にはっきりとした違いを提示しました。無限で超越した（理解を超える）神。見えない神です。人間からは神には近づけないので、キリストの十字架が架け橋となり、神が人間のもとに来てくださるというのです。

ここに神の愛があります。私たちの信仰は、まず神と出会うことから始まります。信仰の成長は、この暗闇から始まるのです。うまくこなすことを目指すのではなく、神を信頼して、この暗闇に信仰をもってゆっくりと下っていく私たちでありたいと思います。そこには、あなたの思いをはるかに超える神からの、あなたへの計画と恵みがあります。それを受け取るために、自分ではなく、神を第一に信頼していきましょう。

「この世界における一見いかにも明白な神の不在こそが神の実在である。」

（シモーヌ・ヴェイユ『ヴェイユの言葉』みすず書房）

信じたら変えられる？

信仰者はよく「自分が変えられること」を目標にします。昔はこうだったけど、イエスさまを信じたら変わったという証しもよく聞きます。

確かに私たちはイエスさまと出会って変えられます。しかし、ここで考えてもらいたいのは、〝変わるためにイエスさまを信じたわけではない〟ということです。少し良い人になったり、人生を少し前向きに見られるようになったりすることが信仰者の目的ではないはずです。どれだけ私が変えられたかではなく、どうしようもなく罪深い私を赦すために、イエスさまが十字架に架かってくださった、その愛を知ることのほうが大切です。

変えられることを目的とすると、信仰の成長のベクトルは上に向くべきだと考えます。「もっとあの人のようにうまくイエスさまの愛を伝えられたらいいな」とか、「あの人のようにいつもイエスさまの愛を表して、喜びをもって前に進めたらいいな」という思いになります。

しかし、キリストの十字架は、自分の罪に苦しんでいた葛藤が終わるためにあるのではなく、葛藤する私をも愛し、受け入れてくださる神の御業です。イエスさまは、だれにも見せられないような、私の心の奥深くの葛藤にまで降りて来てくださいます。その愛による信仰の成長は、私が上を向くというよりは、へりくだり自分の心の奥深くでイエスさまの十字架の愛を受け取るという、下っていく信仰です。

現代は、この〝下る信仰〟が見えなくなっているように感じています。イエスさまのように生きようと訓練する、ある道場について調べたことがあります。そこでは、イエスさまはどう生きたかを聖書から学び、それをお手本とし、イエスさまのように生きていくという目的をもって訓練します。最初に聞いたときは、とても素晴らしいなと感じました。しかし実際に彼らの姿を見ると、少し苦しそうに見えました。確かに、イエスさまのように生きることで自分が向上し、自分の生きる目的がはっきりとしてくるのかもしれません。しかし、〝どれだけ変わったか〟という達成感により、自分で自分を励ましているように見えました。「変えられること」を目的としてしまい、それが心を支配し、かえって「変えてくださる神」を見えなくさせてしまうのです。

変えられることは目的ではなく、神から受け取る恵みなのです。ですから、神に自分をゆだねることが大切です。「こう変わらねば」と握りしめている自分を手放し、神の御心にゆだねることが大切です。本当の信仰の成長は、イエスさまの愛により、自分が小さくされていくことです。私が完成されるのではなく、私が壊され、私の中にイエスさまが大きく愛を広げてくださることなのです。

私の失敗談をお話しします。教会で働き始めたころ、私はへりくだって十字架の愛を受けるのではなく、いつも自分の力で神のために何かしようとして、ずっと苦しい思いをしていました。もっとがんばって多くの人を教会に呼び、もっと効果のある伝道をしなくてはと思っていました。少しは成長して、自分ができるところは責任を取れるようになったので、足りないところを神に助けてもらいたいと願っていました。しかし、自分の力ではどうすることもできずに、すべて失敗に終わりました。神が私のすべてを取り去られたのです。

けれども、それは神の愛だったことに気づきました。すべてを取り去られた後、空っぽの私の心に、少しずつ神の愛が染みわたりました。「自分の力でやるとつらいでしょう。だからわたしをもっと信頼しなさい」と神が語りかけてくださいました。

その愛を知ったとき、初めてありのままの姿で主の前に行くことができたのです。そこで、以前の行動はすべて自分のためにしていたなと感じ、悔い改めました。神ではなく、自分を信頼していたことに気づいたのです。そして私は、「自分自身ではなく、あなたを信頼したいのです」と祈りました。その瞬間に初めて、神が私を愛と赦しで包み込んでおられているのを感じ、全き愛を受けて、感動して涙を流しました。私が十字架のもとに下り、主にゆだねた瞬間でした。

失敗しかしていない私を、神が変わらず呼んでくださっていることを知りました。自分が何も持っていないと気づいたときに、神が新たに私を始めてくださり、そこからイエスさまが私の内に生きてくださる人生を歩み始めました。何かできるからではなく、私の「できる」をはるかに超えて、イエスさまが私を通して全き愛を放つ人生が始まったのです。私は主の管になりました。それが、本当に嬉しい〝変化〟だったのです。

〔初出・月刊「いのちのことば」二〇一九年十月号〕

聖書は人生の参考書？

私は教会でよく、「聖書は人生をうまく生きることを教える参考書ではないので、聖書からうまく生きる方法を受け取らないように」と言います。受け取るべきものは一つだけ、神の愛です。聖書は「神さまからのラブレター」とよく言います。つまり、聖書は神の愛を語る本であって、うまく生きる方法を教える本ではないということです。

そのことをふまえて、学生の時に感動したアッシジのフランチェスコの話を紹介します。フランシスコ会を設立したアッシジのフランチェスコは、貧しい人たちに寄り添い、神の愛を伝えた人です。すべてを捨てて主に従う、お金には触りもしない、厳しい修行を求めて実行していましたが、彼が一番に求めていたのはただ「主にある平安」でした。

あるときフランチェスコは、弟子の一人にお願いをされて困った経験をします。「あなたのような厳しい修行ができるように、ルールを作ってください。」

彼は弟子たちが目に見えるところばかりに気を取られていて、一番大切な「主にある平安」をわかっていなかったことに心を痛めました。フランチェスコが伝えたかったのは、どう主に仕えるか、どう厳しい修行を乗り越えるかという方法論ではありません。愛するイエスさまとの静かな時間、「主にある平安」でした。ここで重要なのは、彼の厳しい修行や貧しい人に寄り添う行動は、それ自体が〝目的〟ではなく、「主にある平安」を見つけるための〝手段〟である、ということです。

「主だけがベストを知っているのに、従う私たちにどんなルールが作れるだろうか?」と答えます。フランチェスコは葛藤しながらも、弟子たちにルールは教えませんでした。ルールばかりに目を向けると主にある平安を見失うからです。必要なことはただ一つ、主にある平安だけだと教えたかったのです。

私の大好きなオズワルド・チェンバーズも「何かをすることのほうが、主に信頼することよりもずっと易しい」と言っています。現代に生きる私たちは何かをしようとしてしまい、どうしたらうまくいくのかと考えてしまいます。しかし、フランチェスコとチェンバーズが言わんとすることは、大切なのは主への信頼だけであって、何かをうまくすることを求めない、ということです。

私たちは聖書を読むときに、自分の人生がうまくいくための聖句を探していないでしょうか。聖書を開くとき、そこに主にある平安を探す必要があるのではないでしょうか。困っている人がいたら助けてあげたいけれど、自分にはそんな力がない。また、嫌いな人を少しでも愛せればいいとわかっていても、自分にはそんな愛はないと、悩む時があります。そんなとき、自分で自分を見ると愛のなさに絶望します。しかし、そのときこそチャンスです。絶望を見るのではなく、愛の出発点を再確認するのです。

愛はすべて神から始まります。それは、変わらずいつまでも注がれる愛です。私の中に何もなくても注がれるのです。その愛を受けるために、十字架のもとに下る信仰が必要なのです。そのとき、自分には愛があると自負している人よりも、自分には愛がないから愛を神から受け取ります、という姿勢の人のほうが、より多く愛を受け取れるのではないでしょうか。ここが信仰の出発点です。

フランチェスコは、「他の何も求めず、ただ主の愛を求めなさい」と言いました。この主の愛を体験するためだけに目的を定め、すべての手段をこの目的のためだけに講じるとき、私たちは神の愛を深く知ることができます。

私たちが神のために働くのは素晴らしいことです。しかし、それは目的ではなく、手段です。時に、私たちは神を信じきることを忘れて、神のために働こうとしてしまいます。神のための働きがうまくいっているとき、「私にはできないことがある。だからこそ、この弱い私を用いてくださることを信じきろう」と考えるのは難しいでしょう。それならなおさら、「私にできないことを神がなしてくださる」と信じるのは難しいと思います。

神のために働くことを目的とせず、主にある平安を知るための手段とできたときに、私たちは自分の力を超えて働いてくださる神と出会うことができます。神の力の驚くほどの現れを経験することでしょう。

〔初出・月刊「いのちのことば」二〇一九年十一月号〕

賜物＝できること？

イエスさまと出会い、新しい人生を歩む中で、「自分には何ができるだろう？」と思うことがあります。

キャンプに行って恵まれた後や、これからは主に仕えようと思うとき、自分にはどんな〝賜物〟があるだろうかと考えます。また、人には賜物があると言うけれど、賜物って何だろうと悩んだりします。

アメリカの神学校で学んでいたとき、あることに気づきました。日本語で「賜物が用いられる」と考えるとき、「私がどう賜物を用いるか」と考えている自分に気づいたのです。日本語は主語が省略されることが多いので「賜物が用いられる」で通じます。この文の主語は何でしょう？

私はいつの間にか、この文の主語が自分になっていました。そうすると何だか、どうにかして自分で賜物を用いなくてはいけないと、必死で道を探して苦しくなっていました。しかし英語でこの文を考えたときに、はっと気づいたのです。主語が必要な英語では、この文の主語が神であることに。

日本語では主語（神）が見えないので、自分でどうにかしなくてはいけないと感じていましたが、私たちはどうやって自分の賜物を用いるかを考えるのではなく、賜物を用いてくださる神のもとに、信仰をもって進んでいけばいいのです。主が賜物だけではなく、賜物を持つ私をも用いてくださるのですから。

少し私の証しをさせていただきます。私は放蕩息子でした。生まれつき左手の指がないことで、自分は人よりも劣っているとずっと思って生きていました。劣等感で心を閉ざし、孤独に生きてきました。学校ではいじめにあい、居場所をいつも探していました。

もう死んでしまいたいと思うようになり、日本にいたら自分が壊れてしまうと感じ、十八歳の時にアメリカに家出する計画を立てました。だれも知らない場所に行けば、新しい自分になれると思っていたのです。

しかし、場所が変わっても何も変わりませんでした。言葉もわからず、文化も違う社会で、より一層苦しくなりました。

そんなとき、アメリカで一人の日本人牧師に出会います。私の生涯の恩師になる方に出会ったのです。その方は無鉄砲な私を、何も言わずに面倒を見てくれました。

あるとき、私が警察沙汰になる事件を起こしてしまったのですが、それでも私をあきらめずに、そばに置いてくれ、いつも祈ってくださいました。私が死にたいという思いを伝えたとき、恩師は私にこう言いました。

「おまえの中に希望がないのはわかった。おまえは人生を遠回りしてきた。将来、今のおまえみたいに苦しんでいる人と出会うだろう。そのときに、その人を救えるのは遠回りをしてきたおまえだけだ。だから、将来出会うその人のために生きなさい。おまえの経験した苦しみは人のためにあるのだから。それが十字架にある希望だ。」

私はこの言葉を聞いたときに、初めて心に平安を感じました。人のために生きるという目的がわかったということではありません。その当時の私にそんな思いが全くなかったのは、自分が一番よくわかっています。このとき、私は自分の存在が初めて肯定されたと感じたのです。恩師を通して、神が私を呼んでくださっていることがわかったのです。「私」が私の外から始まった瞬間でした。神から自分が始まったのです。

「賜物＝できること」となっているのであれば、それは捨てるべきです。なぜなら、できることをするだけでは神の愛は伝わらないからです。そして、それはあなたに達成感しか残さず、本当の意味での平安を与えないので、結果的に自分を苦しめることになります。

しかし、主の十字架から始まる平安には、私を超える力強さと、人を素直に押し出す力があります。死ぬことしか考えられなかった私でしたが、神は何もない私から、「私」を始めてくださったのです。

ですから、「賜物を用いる」という言葉は少し違うように感じます。もし、あなたが自分の賜物を自分のものとして用いようとしているなら、もし、その先にある神のご計画を見ることができないのなら、本当の意味で賜物は活かされません。

賜物は主の十字架の前に置く必要があります。私が賜物を活かすのではなく、主が賜物を用いてくださるからです。

私たちの人生も同様です。私が始めるのではなく、神の前にまずは自分を置くところから始まるのです。

〔初出・月刊「いのちのことば」二〇一九年十二月号〕

II

“弱さ”と“闇”を差し出す

教会に行く理由①
～礼拝に行くと逆に疲れるのはなぜ？～

普段の生活に疲れている、それでもがんばって教会に行ったのに、かえって疲れてしまった。あまり兄弟姉妹と深い話ができず、かえって孤独を感じて落ち込んで帰ってきた。そんな経験が皆さんにはあるでしょうか？

ここでは、このだれでも持つ〝孤独〟という心の奥にある「暗闇」に焦点を当てながら、特に教会に行く目的について考えてみたいと思います。

十九世紀のフランスに、体の弱い一人の若い修道女がいました。他の修道女たちみたいに大きなことはできないと葛藤しながらも、彼女は小さなことにこそ愛を込めることを心がけ、小さな自己犠牲をもって耐え忍ぶという生き方を選びました。

ある日、礼拝堂で彼女はバラの花びらを撒きながら、涙を流して神にお祈りしていました。つらい奉仕を終えて帰って来た先輩たちが、そんな彼女を見てどうして外へ出て奉仕をしないのか、と叱りつけました。先輩たちは、神を愛していたら奉仕をするはずだと言うのです。

彼女は、「奉仕をするために神様を愛するのではなく、ただ愛するという目的で神様を愛せることが幸いなのです」と告白し、主を愛するために涙を流して祈っていたという伝説が残っています。

この体の弱い修道女は若くして亡くなりますが、決して奉仕を否定していたのではありません。しかし、彼女は忙しく奉仕をする先輩の心のざわめきを悟っていました。しなくてはいけないから奉仕するのでは、神への愛があらわれないと知っていたのです。彼女は心の奥にある「暗闇」を大切にしていました。その場所で神と一対一で対話し、神の愛を深く受けていたのでした。

私たちは毎週、教会に何を求めて行っているでしょうか。何となく、教会には交わりが大切だ、という考えがあるように思います。確かにそういう面もあります。お互いに重荷を分かち合い、祈り合う。私たちは「汚れをも分かち合う家族」（本田哲郎『パウロの「獄中書簡」』新世社）ですから、交わりを通して主にある関係を深めていく必要があります。

しかし同時に、教会には孤独も必要です。私たちは一人で神のもとに、心の奥にある「暗闇」へと進んでいく必要があるのです。あの若い修道女のように、ただ主を愛する場所である至聖所へと一人進んでいくことが大切です。

その道は孤独ですが、そこに深い礼拝、主との出会いがあるのです。一人であって、しかし一人ではありません。クリスチャンは孤独にはなりますが、一人ぼっちにはなりません。なぜなら、イエスさまがどんなときも一緒にいてくださるからです。ですから、暗闇へと続くこの孤独の道を、みなさんにも見つけてほしいと思います。

もう一人、この暗闇について語った人がいます。十六世紀のスペインで活躍した十字架の聖ヨハネという人です。安定した職を求めず、ただひたすら神を愛した人です。

彼は「第二の暗闇」という言葉を用い、達成感ではなく、主にすべてをゆだねる生活への道を表現しています。暗闇は私が神を理解するための場所ではなく、ただ神の臨在だけを見つける場所だと言います。

言い換えるならば、神の一点の光を見つけるための暗闇です。もし周りがキラキラしていたら、神の放つ一点の光がかすんで見えなくなります。世の中の光にまぎれ込んで、どこに光があるかわからなくなってしまうのです。

暗闇は、神の放つ一点の光を孤独のうちにしっかり見つめるためにあります。ジョン・ウェスレーは、信仰とは、神が私たちに与えてくださるものだと言いました。そして信仰は、「私たちの魂を照らす一点の光」だと表現しています。

これをふまえて考えると、信仰とは、私たちが神を信じることではありません。神から与えられる光を信頼して受け取ることです。その光は、消えることがない永遠の希望の光です。どんなときも私たちに与えられている信仰の光です。ですから、私たちの信仰が弱くなるということはありえないのです。なぜなら、神はいつでも私たちを照らし続けてくださるからです。その光を受け取るかぎり、私たちは信仰を失うことはないのです。

そして、この光を見つけるためには、どうしても暗闇が必要です。暗闇を通して、私たちは自分が聖なるものへと変えられる体験をします。私の思いで始まる不確かな人生ではなく、神の愛に動かされる人生が始まるのです。神が愛と恵みをもって私たちのすべてを生かしてくださる人生です。この暗闇を照らす一点の光を受けるために、私たちは教会に行くのです。

〔初出・月刊「いのちのことば」二〇二〇年五月号〕

教会に行く理由②
～何もできない私を神さまは愛してくれるの？～

前章では、教会には孤独が必要という話をしました。ここではその孤独を見えなくさせてしまう、私たちの「奉仕などの働きへの姿勢」について考えたいと思います。

救われた時の感動を胸に、私にも何かできないかと「できること」を探すものです。最初は喜んでできた奉仕も、時間が経つにつれ、重荷に感じてしまったり、どうしてその奉仕をしているのかわからなくなってしまったりします。

最初にあった思いは、神への純粋な愛だったはずです。しかし時間が経つと、純粋な気持ちが見えなくなり、周りの人と比べて、「自分はあの人のようにはできていないなぁ」と苦しくなってしまいます。

私は長い間、それはなぜかを考えてきました。そして、何かをするという「主観的な信仰」では表せないことがあると気づきました。

私たちが神のため、教会のために何かをするとき、二つの陥りやすい落とし穴があります。一つは、失敗したときに自分を見下してしまうこと。良いことをしようとがんばった分だけ自分を責めてしまいます。もう一つは、自分はこれだけやっているのに、どうして気づかないのだろうと人を責める思いです。このような行動は、「自分から始まる」という特性をもつ私たちの「主観的な信仰」から来ています。

教会に行くとき、何かをするという「doing」的なものだけではなく、神の前に静まる「being」的な姿勢が大切です。何もしない私が、ありのままの姿で神と出会える〝静寂な場所〟が教会には必要です。そして、奉仕をした後に、あなたが行った働き（doing）を主の前に降ろすのです。そうしないと、二つめの落とし穴のように、奉仕の成果を探す心でいっぱいになってしまい、神の愛をなかなか受け入れられないという現象が起きてしまいます。

奉仕をすることは大切です。しかし、ある一つのことをしていると、同時にはできないことも生じます。人は歩いているときには眠れません。しゃべっているときには聞けません。それと同じように、何かをしていると神の声が聴こえなくなることもあります。だからこそ私たちは、静寂な場所で主の御声を受け取ることが必要なのです。


あるとき、伝道集会に呼ばれました。青年たちが犠牲を払い、準備をしている姿を見ていました。みんなで祈り、当日を迎えました。しかし残念ながら、新しい人は来ませんでした。みんなの顔がだんだんと暗くなっていくのを感じました。集会後の反省会で、みんなが自分の準備の至らなさ、祈りの足りなさを告白していました。

私はそのとき、違和感を覚えました。なぜなら、みんなが本当に一生懸命準備をしているのを見てきたからです。私は反省会の最後に言いました。

「もしかしたら、神様は新しい人ではなく、あなたを呼んでいたのかもしれないね。私たち人間は自分の思いで予定を立てるけど、神様はあなたに一番近くに来てほしいと願っていたのかもしれないね」と。

するとー人、また一人と涙を流しながら、「今日のメッセージは私のためでした」と告白し出しました。

私たちは自分の思いで何かをしようとします。しかし神は、それ以上のことを用意してくださっています。伝道集会の準備をした青年たちも、主観的な信仰では受け取れない神から感動の愛を、「思いどおりにならなかったこと」を通して受け取れたのです。

この神からの愛を受け取るには、〝静寂な場所〟が必要です。そこは、あなたが何かしたからではなく、私たちの行動よりも前に、神がまず愛してくださり、私の存在を認めてくださっていることを受け取る場所です。

時に、奉仕をたくさんしている自分、誇れるものがある自分のほうが主の前に出やすいものです。しかし奉仕をしているから、うまく何かをできているから、神はあなたを愛しているわけではありません。自分のしている「主観的な信仰」の奉仕を脇に置き、ありのままの姿で主の前に出るとき、あなたは何かをしているとき以上の恵みを、神から受け取ることができるのです。

神が愛してくださっているので、その愛への応答として私たちは奉仕することができるのです。あなたは奉仕をしに教会に行っていますか。もし、そうであれば、ありのままの姿で主と出会うために、静寂な場所を見つけてみませんか。私たちは、神と出会うために教会に行くのです。

「救いの原理は、救いのためにすべてを勝ち取ってくださったキリストから、その義と功績を我が身に受け取り、キリストに全く依りすがって、十字架の功績を自分の身に受け取るための空っぽの乞食の手のような信仰である。」

（ジョン・ウェスレー『信仰による救い』訳者ノート）

〔初出・月刊「いのちのことば」二〇二〇年六月号〕

教会に行く理由③
～礼拝で神を感じなかったと思いながらの帰り道～

この章では〝超越された神〟についてお話しします。超越しているとは、私たちには理解できないということです。

平日とても忙しい中で、毎週日曜日礼拝に行くことは大変なことです。せっかく礼拝に行っても、よくわからないメッセージだったり（自戒を込めて）、何も感じることがなかったり、歌いたい賛美も歌えなかったりして、かえって飢え渇き、疲れが増すこともあるかもしれません。「せっかく来たのに……」と思ってしまいます。そこに神がいなかったかのように感じるかもしれません。

しかし、あなたが何も感じなかったからといって、そこに神がいないということになるのでしょうか。実は、教会にはこの「感じない」や「わからない」ということが大切なのです。

私は地元の学校で聖書を教えているのですが、最初の授業でいつも言うことがあります。それは、〝心のエンジンを止める〟こと。学生たちは、学校生活でそれぞれがんばっています。だから、この聖書の時間はその「がんばるエンジン」を止めてほしいのです。変な話ですが、わかろうとしないでほしいと話します。わかろうとするのではなく、ゆっくり耳を澄まし、受け止めてほしいのです。世の中には、わかろうとしてもわからないことがある。わかることも大事だけど、わからないことも実は大事です。なぜならそこにこそ、あなたの理解を超えるものへの可能性があり、あなたの視野が広がる奇跡があるからだ、と伝えます。

そして、一つのたとえ話をします。クラスのみんなで百点を取ろうと計画しました。しかし結果、一人だけ0点を取ってしまいました。そのとき、その人のことをどう思いますか。どうして同じことができないのか。どうして努力しなかったのか。ＫＹ（空気が読めない）なやつだとレッテルをはり、見下し、仲間外れにするでしょうか。

しかし、表面的に同じことができなかったからといって、その人を仲間から外すのはどうでしょう？　もしかしたら家庭の事情で、勉強したかったけれど〝どうしても〟できなかったかもしれません。本当は、だれよりも勉強したかったかもしれません。その人の心の内側を知らないで、見えるところだけで判断してしまうのは寂しいことです。それよりも、どうしたのかな？　と感じたら、相手の横に座って話を聞いてみる。休み時間にちょっと話しかけてみる。わからなくても相手を受け止めてみようと行動する。それは、とても大事なことです。目に見えない、理解できない部分にも大切なことがたくさんあります。聖書のクラスではそこに目を留めたいのです、と伝えます。だからゆっくりとこの時間を過ごし、正解を追い求めず、エンジンを止めて耳を澄ましてみよう、と励まします。

なぜなら、神の愛はわかろうとしてもわからないものだからです。神からの愛の声を受け取ることでしか、本当の神の愛を知ることはできないからです。教会にも、このエンジンを止める時が必要です。そして、耳を澄まし、神を待ちのぞむのです。そこから、神の声を聴くことのできる入り口が見えてくるからです。そこで私たちの思いをはるかに超越した神を〝理解する〟のではなく、その神と〝出会う〟のです。

私の教会では、ある実験をしています。それは、目に見える形をなるべくなくすことです。私たちは週報などの見える形のものを持っていると、すぐに頼りたくなってしまいます。神を礼拝することよりも、週報どおりに礼拝をしようとしてしまいます。そこでもし、週報に載っている賛美歌と違う賛美歌が始まったら、違うぞと思うかもしれません。しかし、たとえ違う賛美歌でも、同じように神を賛美できるはずです。

私たちは自分の思いどおりに進む礼拝ではなく、神主導の礼拝を体験するべきです。そのためには、この「思いどおりではない」「わからない」が大切です。なぜなら、そこに自分の境界線を越えて神と出会う入り口があるからです。

神は、私の思いどおりという形で願いを叶えてくれるのではなく、私の思いよりもはるかに大きな計画と奇跡を現してくださいます。礼拝で、歌いたい賛美が歌えたと喜ぶのではなく、どんな賛美を通しても、神のささやく御声を聞く姿勢が大切です。自分が欲しいものを感じなくても、神はあなたの感覚、理解を超えて、必ずあなたに愛を注いでくださいます。

神の方からその実在をあらわにしてくださらなければ、たましいには神の実在を信じる力はない。

（シモーヌ・ヴェイユ『神を待ちのぞむ』勁草書房）

〔初出・月刊「いのちのことば」二〇二〇年七月号〕

教会に行く理由④

〜謙遜な姿より大胆な信仰で！〜

教会に必要なのは、信仰の強さを誇る信仰者ではなく、弱さを大胆に主の前に出す信仰者です。この章では、表面的な謙遜さではイエスさまの愛を受け取れないことについてお話しします。

「**謙遜に愛を受け取るのではなく、愛を受け取るゆえに謙遜になるのです。**」

人間の弱さは心の暗闇を通して見いだすことができます。ヨハネの福音書二一章には、〝弱さ〟を持つペテロが、復活したイエスさまから召しを受ける場面が描かれています。その前半には、ありのままではイエスさまの前に行けなかったペテロの姿があります。ペテロはイエスさまを見つけると、裸同然だったので上着をまとって、湖に飛び込みました。ありのままではイエスさまの前に出られない戸惑いがあったのだろうと思います。そんな気持ちはだれにでもあります。

一緒に舟に乗っていた弟子たちは冷静に、魚を持って陸まで来ました。イエスさまは、陸で弟子たちが獲ってきた魚を一緒に食べようと待っておられたのですから、ペテロも他の弟子たちと一緒に来ればよかったはずです。しかし、「あなたのために死にます」とまで言ったのに、裁判の時に裏切ってしまったペテロは、イエスさまに対するざわつく心、後ろめたさを隠せませんでした。自分にはもう居場所がない、見捨てられた、与えられる使命もないと感じていたかもしれません。だから、自分の弱さを隠すために上着を着て、湖に飛び込んで、イエスさまのもとへ行こうとしました。

一緒にご飯を食べた後、イエスさまはペテロに言われました。

「あなたはわたしを〔御子が御父を愛するように〕愛《アガペ》しますか。」

ペテロは、イエスさまが使われた〝愛〟という言葉とは違う言葉で答えます。イエスさまは神の愛を表す「アガペー」を使われましたが、ペテロは人間の愛を表す「フィリア」を使います。イエスさまからの問いに、ペテロは自分の最上級の愛で返事をします。

「はい。主よ。私は人間的な愛であなたを愛しています」と。

ここには、葛藤しながらも、素直に自分の弱さと向き合うペテロの姿が見えるように思います。その返事は、イエスさまのように自己犠牲の愛が自分の中にはないことを大胆に告白しているようです。

二回目も同じ言葉で対話がなされます。三回目は、イエスさまは今まで使っていた「アガペー」を使わずに、ペテロが使った「フィリア」を使い、彼に寄り添われます。「あなたは私を人間的な愛で愛しているのか」と問われるのです。

今まで自分の中にイエスさまを思う強い信仰があると思っていたペテロですが、十字架の前でことごとく失敗し、自信をなくして、自分の中に暗闇があることを知ります。そしてその暗闇を通して、イエスさまがこの暗闇さえも引き受けて、十字架で死に、よみに下り、復活してくださったというアガペーの愛で、自分の暗闇を照らしてくださっているという体験をしているのです。

ペテロの三回目の返事は「はい。愛しています」ではなく、「あなたはすべてをご存じです」という自分の暗闇の告白です。自分の弱さを認め、イエスさまの前に出ている姿です。

その後、イエスさまは言われます。「わたしの羊を飼いなさい」と。

この言葉ほど、ペテロを泣かせた言葉はなかったのではないかと思います。もう自分は必要ない、自分の居場所や働きはないのではないか、と思っていたペテロに、イエスさまは責めることなく愛をもって「羊を飼いなさい」と言い続けられました。ペテロは自分の暗闇を通して、大胆にイエスさまの前にへりくだることで、本当の赦しと召しを受け取ったのです。

私たちも暗闇を通して大胆に主の前にへりくだりましょう。現代の教会には「大胆さ」が必要です。とかく私たちは弱さを感じると、謙遜に「弱い人間ですから」と人前に弱さを出さないようにします。しかし主の前には、弱さと暗闇を大胆に差し出しましょう。そこにこそ、イエスさまは光を照らそうとしておられます。

人をつまずかせないようにとか、愛の行動をしなければとか、私たちの謙遜ではイエスさまの愛を受け取ることはできません。このような謙遜さで自分の弱さを隠すのではなく、大胆に弱さを主の前で認める素直さが大切です。

なぜなら、十字架にまで従われたイエスさまと出会わないかぎり、私たちは謙遜になれないからです。私たちは謙遜に十字架に従うのではなく、謙遜な十字架に大胆に従うのです。この謙遜さを持つイエスさまと出会うために、私たちは教会に行くのです。

〔初出・月刊「いのちのことば」二〇二〇年八月号〕

仲間たちから

神にあって生きる

井上めぐみ

神にあって生きること。それは、賜物を用いて自分の最善を尽くし神のために生きるという「熱意」ではなく、気が進まない状況であれ、苦手ともいえることさえも神の前にへりくだり、神の愛に押し出されて生きることです。

仕事や人間関係で悩み、言いたい放題の私の言葉を、時には夜遅くまで忍耐と愛をもっていつも耳を傾けてくれる穰先生ご夫妻の姿を通して、自分自身でも嫌気がさすようなこの「私」を受け止めてくれる存在がいること、赦され愛されていること、神の愛が実生活においてどういうことを意味するのかを身をもって体験しました。

自己中心の罪からイエスさまが救ってくださる、と言葉では簡単に言えますが、実際に他の人のために自分を捧げ、時間を費やすことは簡単なことではありません。自分の感情を正当化し、権利を主張するのか、神の前にへりくだってイエスさまがご自身を明け渡されたように、私たちも自分を捨てて神の愛を受け取るのか。そこに尽きるのだと思わされました。

弱い立場にある人にどこまでも寄り添ってくださったイエスの愛を受け取り、毎瞬、自分の心を造り変えてくださいと祈らされます。

（ウェスレー聖書大学卒業生）

III

「神の愛」と「人間の愛」

61

愛するために人を愛しても愛せない理由

道徳的に神の愛を実践しようとすると、つらくなります。自分の好みに合わない人を嫌いにならないようにとか、あの横柄な態度は気に食わないけど、愛さないといけないと考えていると苦しくなり、人を愛せない自分が赦せなくなったり、葛藤したりしてしまいます。そんなに自分は弱いのか。もっとがんばって、聖められなければいけないのか――。〝神の愛〟で人を愛することがよくわからなくなってきます。

どうしてそういう問題が起きるのか。本来「人を愛することは道徳ではない」ので無理があり、つらくなるのです。人間の生き方が土台となっている道徳的な愛には、どうしても私たちの愛するという行動の先に、〝こうあるべき〟という模範があります。その模範は結果主義、成果主義のものです。相手に伝わらず、結果が出ないと失敗になってしまい、愛することが失敗に終わったことになります。

しかし神の愛は、成功／失敗と評価すべきものではありません。では、神の愛で人を愛することが道徳ではないのであれば、何でしょうか。神の愛は、神から与えられた人間の本質です。神が人間に与えてくれた人間らしさです。

神は私たちを、神のかたちに似せて造られました。私たちは神の愛を受け継いでいます。神の愛は私たちの行動の先にある道徳ではなく、行動の手前にある私たちの人間の本質です。だから神を愛し、人を愛することは私の〝存在意義〟としてあるべきなのです。道徳のように、「できたらやりましょう」という選択ではなく、神が私たち人間を、神の愛で愛し合うように、助け合うように造られた、ということを知ることが大切なのです。

神の愛を実行するときは相手に何らかの結果を求めるのではなく、神の愛がそこに現れることを目的とし、喜びます。だからお互いを助け合うことは「したほうが良いこと」ではなく、それが「人間本来の姿」であると理解します。互いに助け合うように造られた私たちなのです。その神が造られた「私」から「私」を始めるとき、神の愛を世界に放つ管として、〝人のためにある自分〟として存在することを知るのです。

アメリカに家出したことを先述しましたが、最初に英語学校に入りました。そこにいた日本人全員からいじめられ、無視されて、三か月間引きこもったことがあります。もう死ぬしかないと切羽詰まっていました。そんな私を見かねて、恩師が迎えに来てくれることになりました。

その前日の夜に衝撃的なことがありました。日本人全員が私の部屋に来て、一人ずつ私のここが嫌い、ここが悪いと言っていったのです。今思い出しても苦しくなりますが、そんな窮地をどう乗り越えたのかというと、一人だけ、他の日本人とは違う行動をした青年がいました。みんなが私の部屋に来る少し前に部屋に来て、私の思いを聞いてくれていたのです。その彼が隣にいてくれたおかげで、私はこの時を乗り越えられたのです。彼が最後に私に伝えてくれた言葉があります。それは、「おれも負けないから、おまえも負けないでくれ」という言葉でした。

彼が私に寄り添うメリットは何もありませんでした。私の味方をしても何も良いことはなく、かえって彼の立場が危うくなるだけです。私を愛する理由はありません。それでも、そばにいてくれたということが、私にとっては大きな励ましでした。理解を超える、衝撃的な出来事でした。そこではじめて、私は自分が愛される存在であることを教わりました。自分が愛されるようなことをしているからではなく、たとえ自分の中身が空っぽでも、あるいは悪いものばかりがあったとしても、神から愛されている存在なのだということを、そこで教わりました。

その後、自分には自信はなくても、その人がいてくれるだけでがんばれる自分が生まれました。もうその青年とは会えないけれども、勇気が湧いてきたことを覚えています。それは、道徳を超えたところで、私が初めて自分の存在理由を受け取った瞬間でした。自分一人だけではなく、その青年から教えてもらった「お互いに思い合う」という人間の在り方、互いの中にある〝私〟が始まったのです。

ユダヤ人の哲学者レヴィナスは「善」を、「他者の苦しみを背負い、それにより、自分が消耗して解体される責任を負うこと」と定義します。善なる道徳観や、しっかりと善悪をわきまえる能力を持つことではなく、善とは、他者の苦しみを私が背負うこと。そして、それによって自分が解体されることを良しとすることだと言います。自分の中に善が完成されるのではなく、逆に自分が解体され、そこにあるうめきに神が共感してくださることにより、私が他者の痛みを引き受けることができるのが善だと言うのです。

イエスさまが私たちのうめきに寄り添ってくださるように、私たちもそこに善としての愛を見いだしたいと思います。

「愛する」ってどういうこと？

「御父は、私たちを暗闇の力から救い出して、愛する御子のご支配の中に移してくださいました。」

（コロサイ人への手紙一章一三節）

聖書には互いに愛し合いなさいとあります。しかし、私たちがお互いにうまく愛し合うために、イエスさまが十字架に架かってくださったわけではありません。イエスさまの十字架はもっと深い愛です。私たちがまだ罪人であったときに、それでも私たちのために死んでくださった愛です。私たちが主のもとへ帰り、神の家族となるためです。

ここでは、そのことを見ていきたいと思います。

教会に、もっと人を愛したいと真剣に悩んでいる青年がいます。人を愛そうと一生懸命努力しています。しかし、心には愛とは違う感情がどうしても残るというのです。憎しみがあったり、愛しているといっても、結局自分のためなのではないかと思ったり……。

そんなとき、彼に話したことがあります。お恥ずかしい話ですが、わが家の夫婦喧嘩話です。一番話を聞きたいと思っている相手であるはずの妻なのに、実は一番話を聞くことができません。理解したいと思っているのですが、大切な相手なだけに、苦しんだりしていると「そうだね」と同意できず、「でもさ」と言いたくなってしまいます。妻は私に話を聞いてもらいたいだけなのですが、私は話を聞いているうちに妻の気持ちを受け取ることよりも、「こうしたほうがよいのでは？」と解決策ばかりを考えてしまい、妻を傷つけてしまうのです。

しかし、妻を怒らせたからといって、そこに愛がないわけではないのです。

夫としての言い訳ですが、愛しているからこそ、口を出してしまうのです。自分の最愛の妻を守ろうとする思いがそこにあるのです。妻が傷ついていると私もつらくなるので、つい口が出てしまうのです。

教会の青年にも、憎しみが心に残るのは友だちを愛しているからではないだろうか、と伝えました。愛しているからこそ、つい気になってしまうのではないかと思うのです。うまく愛せないからといって、自分は愛がない人間なんだと自己卑下することは間違いです。マザー・テレサも、愛の反対は無関心であると言っています。愛があるから悩むのです。

ここにも、神から始まる「新しい自分」の入り口があります。愛せないと悩むのではなく、本当の愛がどこから始まるのかを知るチャンスです。二つのことに注目したいと思います。

まず一つめは、「あなたに愛がないことを教えてくれているのは、神ご自身である」ことを知ることです。神は、あなたがうまく愛せないからといって、「だめだね、愛が足りないね」と責めたりはされません。本当のところを言えば、私たちは自力で、自分の愛のなさに気づくことすらもできないのです。だから、「愛が足りないなぁ」と感じているときは、「わたしの力は弱さのうちに完全に現れる」と、イエスさまが言っておられる恵みが注がれている時と言えます。

二つめは、「自分に愛がないことを知る体験から、本当の愛が始まる」ということです。本当の愛は神から始まることを、イエスさまとの信頼のうちに知る必要があります。

愛がないと悩むのは、自分の中に愛を見つけようとしているからです。そうではなく、愛のなさを知ることこそが、神へ向かう、へりくだりの道なのです。神は、愛のない私をも必要とし、「わたしのもとに来なさい」と呼んでくださっているのです。

私たちは闇の力から救い出され、御子の支配下に移されたことをいつも覚えていたいと思います。イエスさまは、うまくできたかどうかと考える成果主義の社会から、私たちを救い出してくださったのです。どうしてうまく互いに愛し合えなかったのかと、この世の価値観で悩むのではなく、私たちはうまく愛せない、弱い、愛の足りない自分自身として主のもとにくだりましょう。

そのとき、私たちは、父なる神とイエスさまが互いに愛し合う本当の愛のうちに、自分が生かされていることを知ることができます。たとえ、私の中に愛がなくても、神の愛のうちに生かされているので、お互いを愛し合う本当の愛を現すことができるのです。

それは、私が愛をもっているからではありません。逆に、私にはその愛がないことを知って、十字架のもとにへりくだり、愛のない私がもう一度、イエスさまと出会うことで、神の愛を現すことができるようになるのです。

〔初出・月刊「いのちのことば」二〇二〇年一月号〕

61 愛し合うという教えを、聖書は教えていない!?

私たちの信仰の悩みの根本は、やはり〝人を愛せない〟ということじゃないでしょうか。

クリスチャンとして、イエスさまの愛を受けた者として、それを伝えたいと思うものです。しかしなかなかうまくできない。どうしても、自分の都合ばかりが優先してしまう。この自己中心さに悩む私たちではないでしょうか。

まず二つの愛の形を見ていきます。

一つめは、私たちが自分のできることを用いて相手を愛そうとする愛です。自分も同じ経験をしたからと、相手にアドバイスを伝える。また、今は時間があるから相手の悩みをじっくり聞いてあげる、というように、今、自分に何ができるかなと考えるものです。

しかし次第に、自分の力で人を愛そうとする限界が見えてきます。人を愛そうとしても、結局自分のできる範囲で、やりたいようにしか愛せない自分が見え隠れします。相手の思いを汲んで、相手にとって本当に良い形で愛するというのは難しいですね。最後には、愛すると言いつつ、自分の言いたいことを伝えるだけになっていたりする。そんな自分に呆然としてしまうことは多々あります。

私は結婚して十五年たちますが、今でも人間の愛の限界を感じています。自分の愛のなさを突き付けられています。「相手がこうだったら愛せるのに……」と思いながらしか愛せない自分が嫌になります。結局のところ、相手を愛しているような行為をしている自分を愛そうとしているわけです。それが人間の愛の本当の姿です。

二つめは、神の愛で人を愛そうと努力する愛です。自分の愛のなさはよくわかった。だから、神の愛で人を愛することの大切さを知りました。しかし、一言で〝神の愛〟というけれど、いったい神の愛ってなんだろう？　自分の力ではなく神の力でと思って、自分ができること以上のことをやろうとして、疲れ果ててしまうという経験はないでしょうか。自分の望みではなく、イエスさまの愛で愛しているのだから、そこに自己中心な愛はないはずと勘違いをし、途中で自分の願望があらわになると、自分を責めてしまうことはないでしょうか。

　ここが問題なのです！　この二つの問題点は、私たちが愛そうとしていることです。自分の愛で愛そう、または、神の愛で愛そうと二つありますが、でも、愛そうとしているのは、神ではなく〝自分〟です。中身は変わっても、結局のところ、ハンドルを握っているのは自分なのです。だから、つらくなるのです。

　神はご自分の名前について、「わたしは『わたしはある』という者である」とおっしゃいました（出エジプト三・一四）。この言葉はヘブル語ではパーソナルな意味を持つ、「あなたに対しての私」、「私に対してのあなた」という関係性を表す言葉です。そこからギリシア語に翻訳されるときにbeing な意味、「わたしはここにいる」という存在性を表す言葉に訳されました。

本来のヘブル語の意味は、もっとあなたと共にいたい、あなたの涙を感じたい、あなたのことを聞きたい、あなたのことをもっと知りたい、という神の関係性の愛を表す言葉でした。関係性の神が私たちを創造してくださったとき、愛することを止められない神が、私たちをその愛の関係のうちに迎え入れるために、私たち人間を造られたことがわかります。私たちは自分で愛そうとするのではなく、この関係の中に生かされている〝私〟を通して、神が愛を放ってくださることを知るものでありたいです。

互いに愛し合うことの本質的な意味を、二つ考えたいと思います。

一つめは、互いに愛し合うとき、私の持つ愛ではなく、私のうちに生きる神の愛で愛し合うことができる、ということです。だから、うまく愛せたか、「できた／できなかった」という物差しで測るのは間違いです。他者を愛するとき、神がその人を愛しておられることを信じることが大切です。だからこそ、私たちは〝私〟ではなく、神を信頼し、相手を受け入れ、相手に聴くことができるのです。たとえ、その人が違う受け取り方をしても、私を包んでくださっている神が必ず、見えない方法で相手の心に愛を伝えてくれる。そのことを信じていきましょう。

二つめは、互いに愛し合うとき、そこに、関係を断ち切ることのできない、永遠の愛としての神の愛がある、ということです。その愛が、私たちを神の愛の関係へと導いてくれるのです。人間と人間が神と別のところで互いに愛し合うことが目的ではありません。人間が互いに愛し合うとき、神が、私たちをご自分の愛の関係へと招いてくださっているのです。

マタイの福音書の二二章には、互いに愛し合うというのは「第二の戒め」であると記されていることを覚えたいと思います。第一の戒めは、神を愛することです。「神を愛する」の次に「互いに愛し合う」があります。神を愛するからこそ、私たちは三位一体の神の犠牲の愛を受け継ぐ者となり、互いに愛し合えるのです。聖書は「愛し合う」という教えを目的として教えていないのです。愛し合うというのは手段で、それを通してキリストの愛がそのところに現れるためなのです。そのとき、私が死に、私のうちにキリストが生きるという生き方が始まるのです。

61 「人それぞれ」という価値観にある落とし穴

現代には「人それぞれ」という価値観があります。この言葉は相手を尊重しているかのように使われます。でも、実は違うのです。この言葉は少し危険なものです。なぜなら、相手を切り捨てる性質があるからです。

「人それぞれ」という言葉を、人間主体の視点で見てみると、「人それぞれ」とは、お互いの立場を尊重しているかのようですが、実は自分を壁で守り、自分の心が凝り固まってしまう原因になっています。「人間」から始まる「人それぞれ」には、あなたと私は違うという前提があり、相手と自分との間に壁を作ってしまうのです。そうすると、相手を本当の意味で愛せなくなります。

聖書には、私たち人間は神のイメージ（似姿）に造られたとあります。その神とは、お互いに重荷を担い合うお方です。私たちはお互いが違うと境界線を引くのではなく、重荷を担い合うように造られているはずです。でも、「人それぞれ」という言葉を人間から始めてしまうと、神の愛が見えなくなってしまうのです。

「人それぞれ」という言葉を神から始めてみると、まったく違うニュアンスになります。コリント人への手紙第一、一二章に出てくる「目が手に向かって、『私はあなたを必要としない』と言うことはできない」という言葉は、神は人間がそれぞれ違うように造られたことを説明します。つまり、神が一つ一つの部分を大事にしておられることがわかります。

たとえ、人よりも劣って見えても、あの人よりうまくできなくても、一人ひとりが尊い存在であると、神は私たちを必要としてくださっているのがわかります。そして、この違う部分は調和のためだと言っています。お互いを助け合い、励まし合うためにある「人それぞれ」です。神から始まる「人それぞれ」

は、お互いに助け合うための違いとなります。

この「人それぞれ」は「我思う、故に我あり」と、十七世紀に活躍した哲学者デカルトが示した「私がある」という第一原理が基《もと》にある考え方だと感じています。第一原理とは、それ自体を証明する必要のない事柄のことです。デカルト自身は、「私」があるとしたところから神を見つけ出そうとしたのですが、彼のこの言葉だけがひとり歩きしてしまい、「私」は「私」として存在する、人それぞれの個人であるという理解になっていきました（個人主義）。

デカルトが言った「私はある」という言葉は、聖書に出てくる、神を表す「エゴー、エイミー（わたしはある）」に繋《つな》がっています。それは、人間が人間を見て、人それぞれだと違いを強調するのではなく、「わたしはある」という神が造られた一人ひとりの「私」であることを示す言葉だったはずです。

この時代、私たちは自分が理解したことや重要に感じたことだけを主観的に「真理」とします。この「主観的真理」とは、私が良いと思い、また、価値を見いだしたものです。一言で言うなら、私が私を感じることができるように語りかけてくる真理です。とても受け取りやすいし、自分を見いだすことができます。だから今の時代に流行るのは、自分が達成感を感じられる仕事や世界観や人生論です。

わかりやすく、受け取りやすいのが特徴ですが、主観的真理は人それぞれの体験に基づくものなので、どうしても揺れ動いてしまいます。戦地に生まれた子どもは何も考えずにライフルを握ります。

苦悩の人生を送ったキルケゴールが見つけた主観的真理はやはり、苦悩色に染まった真理でした。そこからは抜け出せないのです。

それゆえに、実は、本当の意味で自分の存在価値が見いだせないのです。自分が実在するのはわかるけど、どこから生まれたのかはわからないのです。自分を超えることができない主観的真理だけでは、人間がどうやって造られたのかを探しても、人が死んだらどこへいくのかを研究し続けても、私がどうしてこういう性格なのかはわからないのです。

「私」という、そのままの私を見つけることができるのは、この「第一原理(first principle)」の中だけなのです。それは、「神が私たちを造られた」という客観的真理です。「わたしはある」という神が愛であるゆえに、「私」を造られたという真理です。神は人それぞれに、その存在を愛し、恵みを注いでくださいます。私たちが今あることを知るには、この第一原理を知る必要があるのです。

私を知る。それは神を通してでしかできない業なのです。あなたがAとBという選択を迫られているとします。あなたは正解を探します。もし、Aを選んで間違えたら、神は私をだめな奴だと言うのではないかと思ってしまいます。でも、第一原理を通してAとBの選択を見るならば、どちらを選んでも、神は同じ場所に導くことも可能だということがわかるはずです。なぜなら、神はあなたをいつまでも変わらず愛する方だからです。

仲間たちから

へりくだりの愛

久保光彦

「へりくだり」というキリスト教において大事な概念を、本気で実践して生きようすることは、たとえば誰かのために時間をとること、犠牲を払うのを惜しまないことだと思います。誰かと時間を過ごすことは、言い換えてみれば、「自分の時間を犠牲」にすることです。そして、なるべくであれば自分の時間を大切にしたいと思うものでしょう。でも、イエスさまも、その地上生涯においては、いつも弟子たちと過ごされていました。

聖書大学で学ぶため、アメリカに留学していたとき、当時のルームメイトと関係が険悪になり、とてもしんどい時期を過ごしました。そのことを同じく留学生仲間であった中村さんに言ったら、神学校の勉強で忙しいにもかかわらず、すぐに時間をとって会ってくれたのを覚えています。

おそらく、日本でも中村さんは彼の教え子たちとこうして時間を過ごしていたのだろうと思います。その在り方を見ていると、イエスさまのへりくだりの愛が見えてくるような気がするのです。その背中を見て、またこの本を読んだ若い人が、イエスさまに仕える道に進むきっかけになると素晴らしいなと思います。　　（イムマヌエル総合伝道団　牧師）

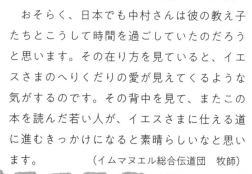

Ⅳ

心の“うめき”を見つめる

61 キリストを知ることを邪魔するものは？

あれだけ祈ったのに、なぜ祈りがきかれないのか——このような葛藤を、信仰者ならだれしも持ったことがあるのではないでしょうか。

現代、私たちは何事も論理的に説明すれば理解できる、と考えています。そして、自分に理解できる範囲で良いこと・悪いことの判断、つまり理性を保っています。この考え方は、歴史的にはわりと新しい考え方です。そして、絶対的なものではありません。特に問題と感じているのは、「自分の理解できる範囲で」という部分です。私たちの葛藤は、ここから始まるのです。その理由を、この章では見ていきたいと思います。

電車の中で座っている一人の青年がいます。次の駅で一人のご高齢の方が乗り込んできたとき、青年は席を譲ろうとしました。勇気を出して「どうぞ、お座りください」と声をかけます。すると、ご高齢の方は青年を見るなり、声を荒立てて「私はまだ席を譲られなくても大丈夫だ。迷惑だ！」と言いました。青年はその場を立ち去ってしまいました。もし、ご高齢の方が自分の思いにとらわれず、青年の思いを受け取って、「ありがとう」と伝えられたら平和が生まれたかもしれません。青年がどう思ったかはわかりませんが、自分の思いだけに支配されていたならば、「せっかく譲ってやったのに……」と相手の気持ちを汲み取れなかったかもしれません。

　このことを通して思わされるのは、自分の持つ思いは、たとえ良いものであっても相手を傷つけることがあるということです。「自分は相手のためを思ってそうしているのだ」という、自分の理解できる範囲の思いを持っていると、相手の思いを受け取れません。それは、心の中が自分の思いでいっぱいで、相手の思いを排除してしまうからです。

神との関係において、私たちも神からの恵みを自分の理解できる範囲で求めていないでしょうか。

自分の欲しい答えだけを求めるのが信仰ではありません。神の思いを受け取れない原因は、私たちの心にある、神の見えないご計画を自分の範囲で理解しようとする思いなのです。

現代の私たちの理性に対する考え方は、昔からあったのではなく、また絶対的なものでもありません。約十一世紀までは、私たちのこの「理解しよう」とする理性は、神と関係を築くためにあるものだと、みんなが常識のように理解していました。

デカルトは、「我思う故に我あり」という言葉で自分の存在をどう証明するかを考えました。そして、自らの存在について考える理性こそ、自分が存在している証拠だとしました。ここから、人間が自らの内側に向かうベクトルの理性の重要さに重きを置くようになり、神との関係を築くことよりも、「人間は何を理解できるか」のほうが重要になっていきました。

その後、十八世紀に哲学者のカントは「どうすれば理解できるか」という理性の重要さを強調します。神を理解する理性は否定され、宗教は人間が人間について理解するためのものとなり、私たちの目線は神からそれてしまいました。

こうして私たちは、神ご自身が知らしめてくださることよりも、自分が理性を使って、神について理解しようとしてしまうのです。

神の見えない計画を理解するということを、私たちは祈りや願いがきかれるかどうかを通して見いだします。願いどおりの時はいいのですが、そうではない時のほうが多いものです。そうすると、「どうして私の願いをきいてくれないのか」と葛藤が始まるのです。それは、真理を自分の理解できる範囲の中に探していることになります。超越した神ではなく、自分の理解できる範囲で神を理解しようとしてしまうのです。

結果的に、それは神ではなく、自分を見ていることになります。だから苦しいのです。私たちの葛藤を解決してくれる真理は、神のうちにあります。私たちは、理解しようとする自分中心な思いから解き放たれることが大切です。そうすると、心に隙間ができて、神が与えてくださっている恵みを受け取れるようになります。
　そこから、本当の意味で神を知るとは、私が理解することではなく〝神が私を知ってくださっているという関係〟であることがわかります。真理は私たちの外側から来ることを教えてもらいたいと思います。葛藤を覚えるとき、自分自身のうちに解決を求めるのではなく、私たちが行くべきところはただ一つ、神のもとなのです。

〔初出・月刊「いのちのことば」二〇二〇年九月号〕

やりがいを求めると、つらくなる!?

求めるものが手に入らないと葛藤します。私たちは〝やりがい〟を求めて生きています。それゆえに、私たちの目線が神以外に向いてしまうことが多いように思います。

私が現代の問題として感じているのは、やりがいの先に〝生きがい〟を見いだそうとしていることです。やりがいの先に、生きがいはないと思います。本質的に、やりがいの先に神はいないからです。私たちの葛藤の原因はここにあります。このことをふまえて、二つのことを見ていきたいと思います。

電車が五分遅れただけで、イライラしてしまうことがあります。失敗するとわかっていることにチャレンジすることも嫌います。どうせできない、時間の無駄だ、何の良い結果も出ない、意味がないと思ってしまいます。だから失敗しないように、どう無駄なく生きられるかと考えてしまいます。やりがいばかりを求めていると、結果主義になります。結果を出すために最短距離をとることを優先してしまいます。

問題の一つめは——
最短距離を求めては神の愛は伝わらず、わからない。

あるとき、私は実験をしました。いつもスーパーに行くと戦闘態勢に入ります。どのレジが一番早いかと探り、並んだレジが他より遅いとイライラしていました。そこで、早くレジを通るという目的を捨て、わざと一番長い列に並ぶようにしました。店員さんから「こちらへどうぞ」と言われても断りました。ゆっくりとその時間を過ごすことに思いを切り替えてみたのです。すると、心がすごく晴れる体験をしました。最短距離を生きることがどれだけ当たり前になっていたかに気がつきました。

最短距離で行こうとすると、実は十字架が見えなくなります。イエスさまは、痛む人と共に痛み、涙の人と共に涙し、人々に裏切られ、十字架につけられ、よみにまで下ったお方です。その歩まれた道は最短距離ではありませんでした。私たちも人を愛そうとするとき、最短距離では愛せないのです。「どうせあの人に言ってもわからない」と、話すことをやめてしまう。それでは愛は伝わりません。神の愛を伝えるとき、相手にわかってもらえないと思っても時間をかけて話し、無駄だと思っても思いやりをもって話を聴く必要があります。「こんなに話したのにどうしてわからないのか」と思っては、相手に思いを伝えられません。最短距離では人を愛せませんし、神を愛せないのです。

問題の二つめは——

目的を達成することを優先してしまい、神に従えなくなる。

たとえば、東京の池袋にいるあなたに、上野に行く山手線に乗りなさいと神が命じられたとします。従順なあなたは、山手線のホームを調べて電車に乗ります。上野に行くという目的をしっかり握って途中の駅の数を確かめました。途中の日暮里に着いたとき、苦しそうなホームレスの男性がいました。あなたは降りて助けようかと思いましたが、思いとどまります。上野に行くという目的があるので、途中下車はできませんでした。上野に着き、神と出会いました。神はあなたに言います。

「どうして日暮里で降りなかったのか。わたしはホームレスの男性に会わせるために、上野行きの山手線に乗りなさいと言ったのに。」

目的意識を持っていると、立ち止まれなくなります。神に従うとき、どうしてそれをするのか、もっと効率のいい方法があるのではないか、と思うことがあります。しかし神の計画はあなたに寄り道をさせ、人と出会わせ、神の愛を伝えるという時もあるのです。（使徒の働き八章で、神はピリポにエチオピアの宦官に会えと言ったのではなく、ガザに下る道に出よと言いました。）

その場合、計画を邪魔するのは目的意識なのです。神が止まれと言っているのに、先に行くという思いに支配されてしまいます。

神はやりがいではなく、生きがいを私たちに与えようとしています。国語辞典に、やりがいは「物事をするときの張り合いや達成感」、生きがいは「人生の価値」とあります。本当の生きがいは、やりがいの先にはありません。人生の価値は神から受け取るのであって、達成感の先にはないものです。やりがいを積み重ねて達成感を得ることはできても、生きる価値を得ることはできないのです。

また、私たちがやりがいを求め、最短距離を生き、結果を求めていると、十字架の道を歩めなくなります。というのも失敗しないように、苦悩がない道を選ぶようになるからです。痛みを知らないと十字架はわかりません。十字架は痛みだからです。解決策ではなく、痛みに寄り添うのが十字架の道なのです。

〔初出・月刊「いのちのことば」二〇二〇年十月号〕

61

うめきをもって主のもとへ

葛藤していると、人は強くなろうとします。強い信仰があれば、人のために何かできると思うかもしれません。しかし周りを見ると、人のために何かしている人は、弱さをもつ人が多いです。〝他者のための自分〟となるカギは強い信仰ではなく、自分の心にある〝うめき〟を見つめることができるかだと思います。弱さを隠したり、その弱さと闘ったりするのではなく、弱さを主の前で認めるかどうかです。

弱いままでいい、ということではありません。自分の中にある弱さを主にゆだねるとき、その葛藤から「他者のためという犠牲の愛」を神が始めてくださる、ということです。弱さという不確かな要素から、神の超越性への扉が開かれるのです。葛藤すること、そこには神の希望があることをここではお話しします。

〝他者のための自分〟は、どこから始まるのでしょうか。それは、私たちの心にあるうめきからです。他者のためになど到底なれない、という心の自己中心さを認めるところから始まります。自分の力ではどうしても外向きになれないという、うめきがあることに気づくことです。

自分のうめきを解決するのではなく、ありのまま、じっと見つめるのです。自分にさえ聴こえない心の叫び声を聴くように、静けさの中でじっと神を待つのです。

すると、うめきがなくなることが神と出会うことではないと気づきます。勇気をもって、〝うめきをもつ私〟としてありのままの姿で神の前に静まると、自分と共に、御霊がうめいてくださっていることに気づきます。自分で自分を理解しようとせずに、そのままの状態（うめく自分）でいることで、聖霊もうめいてくださっていると気づかされるのです。

「御霊ご自身が、ことばにならないうめきをもって、とりなしてくださるのです。」

（ローマ人への手紙八章二六節、傍点著者）

うめきとは、暗闇の中で自分を見いだすようなものです。闇の中に置き去りにされてきた私がいることに気づきます。人によく思われようとして失敗した自分、自分に嘘をついて取りつくろっていた自分、人には見せられない醜い自分がいます。到底光など届かない暗闇に、傷ついた私がいるのです。

そこでもう一度、自分の意思の目を閉じ、魂を真空状態に任せてみる。するとそこに、一点の光があることに気づきます。私のうめきに届く天からの光。神がそれを聴き、受け取り、満たそうとしておられることに気づかされます。神がこのうめきを通して、私を呼んでくださっている。神の愛、そしてもう一度、私を受け取る瞬間です。

このうめきを通して、私を導くのは、私の中にある信仰や指針ではなく、私の外におられる全知全能の神であることを知るのです。神が真実であられることを知る。私の中にある真実を手放し、私の外側にある、神の真実を受け取る瞬間です。主なる神が私をとらえ、私を迎え、私を愛し、共にいてくださるという真実を受け取るのです。それこそが、「インマヌエル」の神と共に生きることです。ここから信仰者としての真の人生が始まります。「私」を超えて、神が私を受け取り、神から私が始まるのです。

ユダヤ人哲学者レヴィナスは、「私が他者の責任を負うということがなければ、神という言葉は意味をなさない」と言います。

強い信仰があれば他者のために何かできるのではなく、私のうめきを通して神の犠牲の愛が始まるのです。そこで神は、私のうめきと苦しみが「人のためにある」ことを教えてくださいます。うめきと苦しみが解決するのではなく、うめきと苦しみを通して神が見せてくださる境地、私の痛みが人のためにあることを知るのです。そこでイエスさまの十字架を見いだします。私たちのために苦しみを背負い、十字架に向かわれた意思と愛。そこに私たちの希望を見いだすのです。

いろいろあって、私が教会で居場所をなくしたとき、私たち夫婦を迎え入れてくれた先輩牧師が「人の痛みは、だれかがいっしょに傷つかないと癒やされない」と言って、私たちと共に痛み、泣いてくれました。そのときにはじめて、痛みを通して神を見いだしました。

私の痛みと共にイエスさまが痛んでくださる。そこに私たちの真の癒やしがあります。そこで私たちは〝他者のための自分〟として新しく変えられるのです。すべてはイエスさまの愛ゆえに。私たちは自分ではなく、他者へと意識を向け、愛を放つ者とされていくのです。


「わたしの苦悩において、神が訪れるのです。わたしの苦悩において苦しむその者、それが神です。」

（レヴィナス『超越と知解可能性』彩流社）


〔初出・月刊「いのちのことば」二〇二〇年十一月号〕

私たちの信仰は揺れたほうがいい！

「神から離れているのだろうか」と悩むとき、あなたは神から離れていません。むしろ近づいています。ただ悩み方が少し違っているかもしれません。もし神から離れていたら、決して悩まないはずです。愛の反対は無関心ですから、神から離れているときは悩みさえしないはずです。あなたが悩んでいるということは、今も神があなたを呼んでおられ、その声を聞けているということです。

救われたときの熱い確かな信仰がない、と悩むときでさえも、あなたは昨日よりも今日もっと神の近くにいるはずです。私たちの信仰は、揺れ動いていいのです。揺れ動かない強い信仰をもとうとするのではなく、揺れ動く弱さをもって主の前に出るのです。

あなたが見ている弱さは、神が見せる弱さです。しかし、責めるために見せているのではありません。あなたがもっと神の似姿になるために見せている弱さです。

だからあなたが自分の弱さに苦しむとき、自分自身を責める必要はありません。それよりも、神の前にもう一度行きましょう。ありのままの私で主の十字架のもとに下るのです。

私たちの苦しみは、苦しみで終わりません。なぜなら、イエスさまが計り知れない愛と計画をもって、苦しみの先へと私たちを導いてくださるからです。

神があなたの弱さを通して導いてくださることを知ることは、本当に大切です。なぜならそれを通して、自分の人生は〝自分から始まるのではない〟ということを知るからです。

私たち信仰者は、神の贖いのうちに生かされているのです。私たちは、神の愛によって生かされているのです。日々、神からいのちと人生を受け取りつつ、主と共に生きているのです。それなので、私たちの信仰生活には、神に聴くことが本当に大切です。

以前、私の尊敬している先生が〝心の揺れ〟について教えてくださいました。先生のオフィスからは森の木々が見えます。先生から「微妙に木々が揺れているのがわかるから、よく見てみなさい」と言われました。

じつは、この微妙な揺れが人の心の波長と合っていて、私たちが自然を見るときに心が安らぐのだそうです。都会にいると気持ち悪くなる人がいます。それは人間が造ったビルや建物は揺れないからです。この木々の揺れは人間の心を癒やす効果があると心理学的にも証明されていると聞き、感動しました。

先生は木々を見て、「神様はあえて、人を揺れる木々の中に造ってくれたのではないか」と言われました。人間も揺れる存在として造られていて、その揺れを通して私たちは神の存在を求めることができると神は教えておられるのではないか、ということです。神がいつも立ち直らせてくださることを信じることができるようにと、この揺れがあるように感じました。

私たちの信仰は、いつも揺れ動かなくなることを目的にするのではなく、揺れ動かない神が、揺れ動く私たちを何度でも立ち上がらせてくださることを信じるのです。

あなたが揺れ動くとき、神が「頼りないから、もっと信仰をもて」と責めておられるのではありません。揺れ動くことを通して、あなたを呼んでおられるのです！　そして、キリストの愛から始まるあなたと、神が出会うことができるのです。

神は必ず、その計画のうちに私たちを生かしてくださいます。信仰は、神が私たちを今日はどこへ向かわせるのかと、神を自分の意思の前に置くことから始まります。私たちがどうやって生きるのかという〝自分からの視点〟で始まるのではありません。私たちは信仰者として、目に見える目的や解決ではなく、目に見えない神をいつも見ていくわけです。ある意味、主は「これをしなさい」と言っていると信じるほうが簡単です。それは実際に、目に見えるものになるわけですから。

しかし、目に見えるものを信じるのに信仰は必要ありません。私たちは目に見えない神を信じているのです（ローマ八・二四）。それゆえ、私たちの信仰は揺れ動いていいのです。揺れる私のまま、イエスさまのもとに出ていく者でありたいものですね。

われわれは神についてただ一つのことしか知りえない。神が、われわれがそうであるところのものではないということである。われわれのみじめさだけがこの事実を表象している。われわれのみじめさを眺めれば眺めるほど、われわれは神を眺めていることになる。

（シモーヌ・ヴェイユ『重力と恩寵』春秋社）

〔初出・月刊「いのちのことば」二〇二〇年十二月号〕

仲間たちから

素晴らしき主の恵み

山田雅香

アメリカの日本語教会で副牧師として働いていたとき、穣先生一家と出会いました。中村家にはいつも他者を受け入れる空気というか隙間のようなものがありました。私たちは計画どおりに成し遂げたいと願います。達成できれば、そこには達成感があるでしょう。でも、それでは人に愛は伝わらないかもしれません。私の「できる」を超えた愛、達成感を脇に置いて寄り添う主の愛が、中村家には溢れていました。母国を離れ、時に孤独を感じていた駆け出しの牧師として、自分の弱さに打ちひしがれる日々の中、中村家は荒野の中に現れたオアシスでした。異国の地で神の家族が与えられている恵みを深く覚えたものです。

語らいの中で、物事の本質を鋭く見分ける穣先生の賜物を感じていました。本書も方法論ではなく、物事の本質に迫るメッセージに溢れています。弱く欠けだらけでも、共にいてくださる主の愛。このちっぽけな頭では理解できない偉大な愛と恵みによって私たちを包み、導かれる神。その神から始まる「新しい自分」。主の十字架の愛を受け取るとき、主が私を通して愛を放つ人生が始まる。なんと素晴らしい恵みでしょうか。

（基督兄弟団 牧師）

Ⅴ
「ありのまま」とは何か？

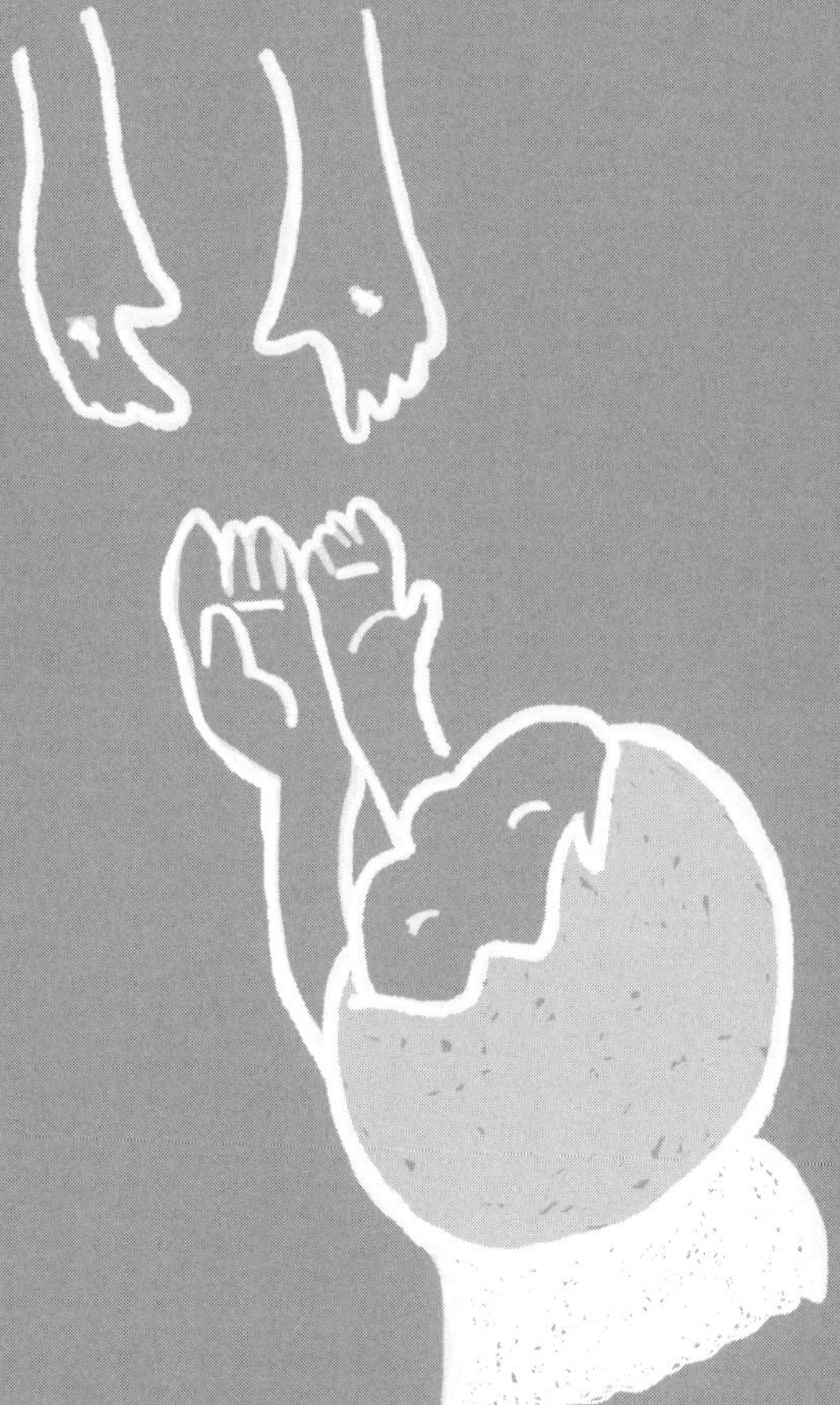

ありのまま神学①
〜人間の側から見た「ありのまま」〜

この章から、「ありのまま神学」について三章に分けてお話しします。最初は、人間側から見た「ありのまま」についてです。じつは、私たちはこの「ありのまま」の意味を少し違ってとらえているような気がしています。そのうえで、よく言われる「神はありのままの私を愛してくれる」ということについて、考えてみたいと思います。

だれでも他の人には触れられたくない弱さ、隠したい過去の経験があります。しかし、罪や弱さを人間が隠していると、それがだんだん姿を変えていきます。

しようがないと言い訳をしたり、自己嫌悪になったりします。そして、最終的には自分の罪を見えなくさせてしまうことがあります。

確かに罪は見えなくなるのですが、罪の影響は自分の中に残ります。何か問題があると簡単に人のせいにしてみたり、謙遜さを装って自分を殻に閉じ込めて守ったりしてしまいます。神に言い訳ばかりして、従うことができなくなるのです。教会の兄弟姉妹の話も、愛をもって聞けなくなっていきます。そしてついに、自分のことばかりを考えていることにすら気づかないようになってしまうのです。神の声が聞こえなくなってしまいます。

神は、確かに「ありのまま」の私を愛してくれています。でも、このような私の混沌を「そのまま」の状態にしておくことは神の愛ではありません。「ありのまま」とは、神が見ておられる今の私の姿ですが、神が「ありのまま」でいいよと仰っていることを隠れ蓑として、私たちは混沌とした「そのまま」の状態でいいと思ってしまうことがあります。本来は、「ありのまま」に自分を隠すのではなく、「そのまま」の状態を主の十字架のもとに差し出しなさい、と主は愛をもって言っておられるのです。

しかし悪魔は、神の愛の招きを隠し、「そのまま（混沌の状態のまま）でいいんだよ」と、間違った方向に私たちの目をそらさせるのです。私たちは勇気をもって悪魔の声を退け、神の愛を受け取る必要があります。

「ありのままでいるのではなく、ありのままを主にあって認める。」

C・S・ルイスの『悪魔の手紙』は、先輩悪魔が人間をどう堕落させるかを若手悪魔に教えるという設定で書かれた小説です。先輩悪魔は人間の弱点を二つ挙げて、効果的な堕落のさせ方を教えています。一つは、人間に〝過去〟を見せることです。人間は過去を見ると後悔しか残らず、何もできなくなるというのです。過去の罪や人に見せられないようなものを呼び戻し、ありのままを主にあって認めることができないようにさせるのです。もう一つは、〝未来〟を見せることです。人間は未来を見ると、不安しか残らないというのです。「本当にありのままで自分は受け入れられるのか」「もしかしたら何か失敗をして、主に認められなくなってしまうのではないか」と考え、心が不安でいっぱいになるというのです。

反対に人間が力強くなり、悪魔が手に負えなくなるのは、人間が〝今〟を見ることだと、先輩悪魔が若手悪魔に話します。なぜなら今を生きるキリストがそこにおられ、人間がイエスさまと出会い、永遠を体験するからだというのです。

今回私たちが考えている「ありのまま」の自分とは、この〝今を生きる私〟のことです。私たちが過去に囚われず、未来を見て不安になるのでもなく、そのままの私をしっかり主の前に認め、イエスさまと共に生きていく道を歩む決心をすることです。「ありのまま」とは、自分をあきらめるのではなく、神の信頼への入り口を表す言葉です。

あなたは、もっと素晴らしいだれかになるために生きているのではありません。〝ありのままのあなたが素晴らしい〟と神は認めておられます。なぜなら、あなたに手を差し伸べるイエスさまが共におられるからです。イエスさまがあなたを混沌から助け出してくださるのです。たとえ、あなたの中に希望がなくても、主があなたの希望となってくださるのです。主の臨在の中に自分自身を見いだすとき、希望が生まれます。その入り口がここにあります。

「そのまま」の姿で十字架の前に下るときに、「ありのまま」のあなたを主がずっと呼んでくださっていたこと、そしてあなたをあきらめず、愛し続けてくださっていることを確信することができます。イエスさまの十字架のもとに「ありのまま」の自分を見いだしたとき、主が決してあなたを見捨てない、という約束を受け取ることができます。

「『わたしは、もはや彼らの罪と不法を思い起こさない』と言われるからです。罪と不法が赦されるところでは、もう罪のきよめのささげ物はいりません。」

（ヘブル人への手紙一〇章一七～一八節）

〔初出・月刊「いのちのことば」二〇二〇年二月号〕

ありのまま神学②
～神の側から見た「ありのまま」～

前章から「ありのまま神学」というお話を三回に分けてさせていただいています。今回は、〝神の側から見た「ありのまま」〟についてお話しします。

イエスさまは私たちをありのままで愛してくださいます。しかし、実はありのままで居続けることが苦しいことを知っていますか？　もし、ありのままでよかったと思い続けるなら、あなたは自分中心の思いの中にいて、いつしかイエスさまが見えなくなってしまうかもしれません。

イエスさまの十字架の前に私たちが身を置くとき、ありのままの姿で十字架の愛を受け取るのは、実は苦しいことです。というのも、この自分が主の救いに値するかどうかと考えたら苦しいですよね。たくさん献金したり、奉仕をしたりしているほうが、素直にイエスさまの愛を受け取れるかもしれません。何かをすることで自分の価値を高めてから主の前に行く。しかし、イエスさまはそうしなくていいと言われます。そのままの姿で来なさい、と。

ありのままで主のもとに行くことは、確かにつらい一面もあると思います。なぜなら、自分の罪深さを見て、イエスさまの愛を受けるに値しないと思っているときに、その愛を受け取らなければならないのですから。どんなにへりくだっても、「イエスさま。私なんかのために死ななくてもいいのに」と思ってしまいます。しかし、それは悪魔のささやきです。私たちは、自力で自分の罪を見ることはできません。自分の罪を見ているということは、神が昨日よりも今日、私たちを近くに呼んでくださっている証拠です。

イエスさまは神であられることに固執せず、ご自分を無にして私たちのもとに来てくださったお方です。ご自分を顧みず、私たちのもとに飛び込んで来てくださるというイエスさまの愛と信仰が、「ケノーシス」（無にして）というギリシア語で表されています。

私たちが自分の罪を見るとき、イエスさまはこうおっしゃいます。「ここからは、わたしがあなたの代わりにこの道を行くから、自分を責めないで、わたしを信じて、こっちに来なさい」と。イエスさまはへりくだり、死に至る十字架の道を歩んでくださいました。私たちは勇気を出して、この大きすぎる愛を、罪赦された罪人として受け取るのです。

それは、あなたが立派なクリスチャンとして完成する道とは真逆の道です。自分が砕かれ、崩壊することで、罪赦された罪人としての私が、父なる神と子なるイエスさまの信頼関係の愛のうちに迎え入れられることを体験する道です。この体験をするとき初めて、私たちはありのままで主の前に進み出ることができます。ありのままの自分が主の愛のうちに導かれるときには、私たちは自分の中に頼るものを持とうとせず、自らを空にする必要があります。それは、すべてを神から受け取るためです。

「ありのままでいいのではなく、ありのままを主にゆだねるのです。」

ユダヤ人哲学者のレヴィナスは、大虐殺《ホロコースト》を体験し、絶望の境地を体験しました。その苦悩の中で自分が崩壊し、自分の中にあった生きる指針もすべてなくしてしまいます。彼はそのままの自分に暗闇を見ました。何もできない、うずくまった自分がいたのです。

しかし、神が明日という日を与えてくれるということに気づき、自分の意思とは関係なく、いのちが向こうからやって来るということを通して、一点の希望の光を受け、ありのままの自分を受け取る体験をします。それは、人間の苦しみの中に共に苦しむ神がいるという体験でした。

レヴィナスは自己について、「待つ存在」という意味の「イリヤ」という言葉で表しました。まさしく自己を受け取って生きる。すべてを主にゆだねて生きる人生を表しました。また「義」を「自分の正しさ」と定義せずに、十字架に架かってくださったイエスさまのように、他者の苦しみを背負い、それにより自分が消耗して解体される責任を負うことと定義したのです。

レヴィナスは自己が崩壊した経験によって、自分の内側に愛も正義も希望もないことに気づきました。しかしその暗闇で、暗闇を照らす一点の光であるイエスさまと出会うのです。

私たちもこの暗闇を通して、救い主であられるイエスさまと出会います。たとえ誇れるものを何一つ持っていないとしても、イエスさまはあなたを責めたりされません。イエスさまは、何を持っているかではなく、「どれだけわたしを信頼しているか」と聞かれます。そのときに、〝私たちが誇る何か〟を手渡すのではなく、何もない私をへりくだる「ケノーシスの信仰」によって、〝私のすべて（ありのまま）〟を主にゆだねましょう。そこで初めて、自分が生かされていることを感謝する信仰へと変えられていくのです。

〔初出・月刊「いのちのことば」二〇二〇年三月号〕

ありのまま神学③
～十字架から見た「ありのまま」～

この章では、十字架から見た「ありのまま」についてお話しします。

イエスさまにそのままの私をゆだね、ありのままの私を受け入れるとき、神から始まる新しい自分を受け取ります。そこに私たちの自由があります。それは、〝私〟が〝私の思い〟を超える自由です。それは、できる・できないという自分の内にある比較から脱し、その私の内側に神が生きてくださることです。

そして、神が私を突き動かします。必要な働きがあるからあなたがいるのではなく、まず神があなたの存在を認め、そのあなたを必要としておられるので与えられる人生です。主の愛が、あなたを必要な友人、またどうしてもイエスさまの愛を聞く必要のある人のところへと必ず遣わします。

主が私たちを遣わすとき、どうして私がそれをするのかわからないということが多々あります。けれども主にあって事を行うことができ、その後に思いもよらないほどの大きな恵みとそのご計画を見るのです。

ありのままの私は神から始まるので、「主に耳を傾ける」ことが大切になります。そのためには静かな「暗闇」が必要です。主体的な信仰では見いだせない、ただ神の臨在の中に自分を見いだし、客観的に自分を受け取るという信仰です。

レヴィナスは「聞く」ということは、相手を受け入れ、受け入れることで自分が破れ、傷つくことを良しとすることだと言いました。この聞くという作業を通して、自分を注ぎ出す愛を神から教えてもらうことができるのです。自分の破れから、主の平和が広がっていくのです。

一つのたとえ話をします。もし家が火事になったとして、家の前に消防車と消防隊員が万全の準備で来ているのに、自分だけで火を消していたらどうでしょう？　私たちはイエスさまと共に生きるといっても、なんとなくイエスさまの手を煩わせないように、迷惑をかけないように、自分でできることは自分でする、という遠慮がないでしょうか？

いつもイエスさまは隣にいるけれども、自分の力ではどうすることもできないときだけ手伝ってもらおうとしていないでしょうか？　まるで家に置いてある消火器のように、そばにあると安心だけど、なるべく使わないようにしておくような信仰です。しかし、それは本当の信仰ではなく、ただイエスさまを都合のいいように利用しているだけかもしれません。

イエスさまは、燃えている火を消したいと願っておられます。イエスさまは、焦げついているあなたの心を修復したいと願っておられます。それを邪魔しているのはほかでもない、自分だったりするのではないでしょうか。

私たちは目の前のことだけしか見えないときがあります。「火事になってしまったのだから、早く火を消さないと」と思うのです。でも、信仰においては、目の前の状況がどうなるかわからなくても、自分がしていることをやめて、イエスさまに「聞く」ことを優先する必要があります。レヴィナスが言うように、そこで自分を破り、イエスさまを自らの王座に迎え入れることが、主と共に歩むということです。神がみこころのままに私たちの内に働いて、志を立てさせ、事を行わせてくださる（ピリピ二・一三）という信仰が始まるのです。イエスさまは、いろいろな境遇の中で迷い苦しむ私たちの心の火を消し、「わたしが指針である。わたしは決してあなたを見捨てない」と言っておられます。

「**本当のありのままの私は、主と共に生きる私です。**」

イエスさまは、わたしにすべてをゆだねなさいと言っておられます。それは、主と共に生きる私が本当の〝ありのままの私〟で、自由に生きられる私だからです。イエスさまは、私たちがありのままの姿に変えられるようにと、罪で焦げた魂を洗い聖め、新しくしたいと願っておられます。

ですから、ありのままの信仰生活は、自分の賜物を活かす、自分の目的に向かって平安に進む、自分のやるべきことをするという生き方ではないのです。ただ主を愛し、主からの愛を受け、新しい自分を主と共に始めることです。

ありのままの私で主と共に歩む人生には、大きな感動があります。それは信仰による感動です。アブラハムが行き先を知らずに神に従ったように、私たちも自分の〝わかる・できる〟を超えて、わからなくても主が導く冒険的信仰に変えられていきます。できないことに対しても主の力により立ち上がり、主の愛によって行っていくのです。
主と共にその愛を育むとき、私たちは外向きになります。主にあって出て行く、ありのままの私に変えられていくのです。

〔初出・月刊「いのちのことば」二〇二〇年四月号〕

61

「自分なんてもうだめだ」とつぶやく前に

「わたしは、自分の内には、つまりわたしの肉には、善が住んでいないことを知っています。善をなそうという意志はありますが、それを実行できない〔実行する能力がない〕からです。……わたしたちの主イエス・キリストを通して神に感謝いたします。このようにわたし自身は心では神の律法に仕えていますが、肉では罪の法則に仕えているのです。」

（ローマ人への手紙七章一八、二五節、新共同訳、〔　〕内私訳）

この箇所を「実行できない」と訳してしまうと、なんとなく、自分の意思が弱くて、挫折してしまうという失敗が語られているように感じてしまいます。でも、ギリシア語に忠実に訳されている『詳訳聖書』には「能力がない」とあります。

古いギリシア語の聖書では四つの単語で書かれていて、自分の中にある善を行うための能力が不十分だということが表されています。これは、パウロの自分の姿を見つめる告白です。ここでパウロは挫折ではなく、自分の弱さをしっかりと見つめているのです。主を信頼している思いがここに書かれているのです。自分の中にはないものを神は持っておられ、それを下さるという信頼がここに描かれています。すべての希望を神に置いているのです。私には何もない。それを知る者だけが、神にすべての信頼を向けることができるのです。

信仰の深みへと進むときに、私たちが見なくてはいけないのは、〝何かをできる自分〟ではなく、〝何もない本当の自分〟の姿です。ジョン・ウェスレーは、こう言います。

「人は罪人として、自分自身の罪と惨めさのみを嘆願しつつ、神のもとにいかねばならない。彼は自分の罪のための全的で、かつ、唯一のその供え物としてイエスを見上げることができるのは、彼の口が閉じられ、神の御前に全く罪責を感じて立つとき、かかるとき、しかり、かかるときにのみである。」

確かに神からの恵みを受けるときに、心のコップに自分の思いや願いが入っているよりも、空っぽのほうがたくさん恵みを受け取ることができます。ここで考えたいのは、自分のコップは本当に空っぽかどうかということです。そのコップの中には神への思いもあるでしょうし、感謝や喜びもあるでしょう。しかし感謝や喜びさえも、たとえその思いが良いものであったとしても、信仰の深みへ進むときには手放す必要があるということです。

以前、「Down to Worship 賛美集会」という集会をしていました。始めた当初は、教会の賛美奉仕者限定で集まっていました。賛美奉仕者の中には、心の中に喜びがなくてもハレルヤと歌わなくてはいけない、そんな自分は嘘偽りの信仰をもっているのではないのか、と悩んでいたりすることを聞いていました。「それでも奉仕はしなくてはいけない。」そんな葛藤をもつ者が、もう一度賛美について学ぶ機会を作る目的で集まっていたのです。

最初に私たちがしたことは、楽器を置くということでした。賛美奉仕者ですから、いつも主の御前に出るときには楽器を持っていました。しかしこの集会ではそれすらも脇に置き、何も持たずに主の前に出ました。中には、自分が知らない間に背負っていた重荷がとれて、神の前に何も持たなくても同じように私を愛してくれるという神を体験し、涙が出るほど安心したと言ってくれた人もいました。賛美奉仕者は、神を愛するゆえに楽器を持っています。与えられた「賛美」という賜物を用いて、心から喜んで神に賛美します。賛美奉仕者に限らず、私たちはいろいろな賜物を与えられていて、その賜物を用いて神に仕えたいと願います。しかし賜物を用い続けてくと、賜物を持たない自分が見えなくなってしまいます。賜物を用いる自分だけが自分となってしまう。そうすると、賜物を用いない自分はだめなのではないかと感じてしまうのです。

Down to Worship集会で学んだことは、賜物を用いない自分はだめなのではなく、何も持たない自分で主の前に進み出ることが信仰の深みへの道なのだ、ということでした。

今週は聖書をあまり読めなかったけど、そんな私を神は見捨ててないだろうか。今週はあまり伝道できなかったけど、そんな私を神は愛してくれるだろうか。変われない自分を神は見放すのではないか。こんな弱い自分はもうだめか――そんな思いを持ったときこそ、チャンスです。そこから信仰の深みへの道が開かれているからです。時に、私たちは自分の行動の質や量で、神の思いを計ろうとします。しかし私が聖書を読めなかったから、伝道しなかったら、変われないからといって、神からの愛は変わりません。

さあ、信仰の深みへ進むとき、私たちは言い訳をしないで、ありのままの姿で進みましょう。善を行う能力のない私のためにイエスさまが十字架に架かってくださったことを思い、罪赦された罪人として、主の前に「私はイエスさまがいないと何もできない者です」と告白する私たちでありたいと思います。

そうすると、心のコップを空にした私を、神のほうから一方的な愛によって、愛のうちに迎え入れてくださいます。

仲間たちから

超　越――懐の深さ

井上匡朗

この本の中でもたびたび登場する「超越の神」という概念を、私はじょーさんから教わりました。神様はこの世界のどんなものとも全く異なるお方です。すべてを超えた存在であり、人間は神様をはかり知ることができません。いつも世界の隅々にまでおられ、すべてのことを知っておられるお方。私たちとは次元の異なる神様ですが、遠く離れてはいません。人間となられ、私たちの悩み、苦しみを理解し、救い、癒やしてくださるお方です。

超越された神様の愛がイエスさまのうちに表れています。聖く、すべてを超越された方が、小さな人間の弱さ、悩み、苦しみを受け入れてくださるとは、なんと懐の深いお方だろうと思います。この超越の神様の御手に落ちることこそ、幸いな人生だということを知りました。

じょーさんの教会の礼拝に出席させてもらいました。そこは傷を受け、悩みを抱えた人たちが、じっくりと神様の愛を受け取り、癒やされていく場所でした。きらびやかさを追い求める現代では全く日の目を見ることのないような場所で、今なお、じょーさんは悩み苦しむ若者に超越の神様の愛を示し続けているんだなと感じました。　（東京フリーメソジスト昭島教会 牧師）

Ⅵ

神から始める

なくそうとすると、罪はなくならない

　私たちは罪とどう向き合ったらいいのかわからなくなることがあります。

「私たちは罪に死ぬべきなのか、それとも勝利するべきなのか」と考えてしまいます。

　罪が悪いことだとわかっているので、どうにかしてなくそう、罪に勝利する方法を見つけ出そうと必死になります。いろいろ試してはみるけど、やっぱり失敗してしまう。もう一回がんばってみるけど、また失敗。次第に、もう罪を見るのも疲れてしまい、封印してしまうこともあります。そんな自分がいやになり、そして最終的には、自分の弱さのせいだと自分を責めたり、自分の信仰が足りないからと思って苦しくなったり、神だけを見ていなかったからと悔やんだりしてしまう。

でも、神はあなたの中に罪があるからといって、責めたりするお方ではありません。また、罪があるから離れていくような神ではないのです。もし、そう思ってしまうところがあるようなら、その罪の見方を変えないかぎり、罪は解決しません。私たちは罪をなくすことではなく、罪人としてイエスさまの十字架のもとに行く必要があります。

あなたが罪をなくそうとしているとき、神ではなく、自分を見ています。そして、過度に自分を見て失望したり、自分はもうだめだと思ってしまったりするのです。自分で自分の罪を見ると、どうしたらいいのかと考えてしまうものです。そうすると、解決方法ばかりに気を取られ、十字架のもとにへりくだることができなくなります。逆に十字架から離れてしまうような気もしてしまいます。自分の罪を見て解決しようとしている姿勢は、とても内向きで、いつしか神が見えなくなってしまうのです。

十字架の聖ヨハネという人が、「信仰の山」を描いて私たちの信仰生活を表しています。信仰の山であるカルバリ山の頂上には、大きな十字架があります。それは、イエスさまの十字架です。山の下から頂上までたくさん小さな十字架が並んでいて、私たちは自分の自我を表す小さな十字架を一つずつ倒していく、それが信仰の道だと聖ヨハネは表現します。この道を登るには下らないといけない、と謙遜を表しています。その道を通して、自我を少しずつ砕かれて歩むのです。そして、山の上にはイエスさまの十字架があり、今までは、私の罪を一つずつゆだねてきましたが、今度は私自身を主の前に捧げる瞬間があるというのです。そこからは、本当の意味ですべてを主にゆだね、聖なる神と共に歩む私が始まるのです。

でも、そこにたどり着けるまでの間に何度も悪魔はささやきかけてきます。「おまえにそんな価値はない」「まだ不十分だ」と。そして、私たちの心の奥にある思いを指摘してきます。「おまえには、まだこんな罪の部分が残っているじゃないか」と責めてきます。それを主の前に出すのではなく、隠すように仕向けるのです。

たとえ私たちが罪を犯しても、御父のもとに弁護者、正しい方、イエス・キリストがいてくださいます（Iヨハネ二・一参照）。イエスさまは決して私たちを見放すようなお方ではありません。このことをしっかり覚えていく必要があります。ローマ人への手紙六章にはこう記されています。

「あなたがたもキリスト・イエスにあって、自分は罪に対しては死んだ者であり、神に対して生きている者だと、認めなさい。」（六章一一節）

私たちは罪に勝つのではなく、罪に対して死ぬのです。自分の弱さを受け入れ、赦された罪人として、信仰の山の頂上にたどり着くまで、小さな十字架を倒し続けるのです。それは不信仰の歩みではなく、完成への途上なのです。そして、山の頂上に立つ十字架、罪を取り除く神の子羊に出会うとき、私たちは自らのうちにある罪ではなく、赦され、神の子とされ、家族の一員として迎え入れられていることを知るのです。

人は罪を自覚しながら、神の好意のうちにとどまることができると、ジョン・ウェスレーは言います。頂上への途上にあっても、神はいつも私たちを認め、愛して助けてくださいます。私たちは、罪を自覚した時に恵みを失うのではなく、罪に屈した時に恵みを失うのです（『説教13　信仰者のうちにある罪について』）。私たちが罪をなくしたら神と出会えるのではなく、神と出会わなければ私たちの罪はなくならないのです。

「キリストは弱さのゆえに十字架につけられましたが、神の力によって生きておられます。私たちもキリストにあって弱い者ですが、あなたがたに対しては、神の力によってキリストとともに生きるのです。」

（コリント人への手紙第二、一三章四節）

アダムが罪を犯さなかったら、十字架は存在しないのか？

イエスさまの十字架は、人間の罪の赦しのためだけにあるのでしょうか。

イエスさまが罪を赦すためだけなら、神ですから、天から罪を赦すと宣言するだけで人は赦されたはずです。でも、イエスさまがこの地上に来てくださったのには、それ以上の意味があるのです。それは、罪ある者に愛をもって寄り添うためです。愛を私たちに示すために十字架はあるのです。どうしても神は私たちのもとに来られる必要があったのです。

それゆえ、イエスさまは受肉され、ご自身を無にされ、私たちに愛を示してくださいました。それは、まさに、犠牲の愛。神の愛です。それを十字架により、私たちは受け取ることができるのです。

「神の御子が人となられたという最高の理由は、人間を救うためではなく、真理についてあかしをするためである。」

（シモーヌ・ヴェイユ『超自然的認識』）

もし、十字架が罪を赦すためだけだったとしたら、アダムが罪を犯す前には十字架の救いはなかったことになります。そうすると、十字架の御業は二次的なものになります。母親がご飯を食べない子どもを叱るのは、食べないという行動に対してです。同じように、罪を犯したという行動があるから救いがあると理解すると、それではなんとなく、神の愛がはっきりと見えなくなります。

教会で語られている〝赦し〟について、もう一度考えてみます。あなたの罪を赦すためにイエスさまは死んでくれた、という部分だけを見ていると、真実の救いがわからなくなってしまいます。なぜなら、赦された後にも、自分中心な思いや弱さがあるからです。そうすると、救われた時は良かったのに、少しすると、「私は本当に赦されたのか?」と悩んでしまうからです。

罪の原語は「的はずれ」という意味ですから、的がはずれている状態から救ってくれる。でも、精いっぱい自分なりに神を思っているのに、と不平が始まります。自分の心の奥にある暗闇や自己中心な思いを、どうやったら消せるのかもわからないまま不安になったりします。教会では聖めの力や恵みを教えるけれど、どうやって受け取っていいかわからない。人にやさしく、人のためにといろいろやってみるけど、どうしても、心の奥にある自分の罪深さは解決しない。そんな状態でいることに、なんとなく疲れてくる。ここに赦しという救いがあるのかなと思うかもしれません。

ここにあるいろいろな戸惑いや葛藤は、すべて十字架を「私の罪の赦し」と見るから起こることです。「私が赦される」という視点には自己中心さが残ります。赦された、赦されていないというはかりで十字架を見るようになってしまうのです。そこから自分を見ると、完全に赦されると言われていても、自分の中にそうは思えない弱さがあるので、神の完全性が見えなくなってしまうのです。

ここで問題なのは、私たちが赦しを主観的に見ている、自分中心に見ていることです。赦しを神の赦しではなく、「自分が赦される」という見方でしか見ていないことです。赦しが神の赦しであることがわかれば、その先に神の愛が見えます。でも、自分が赦されるという、自己中心的な見方だと、完全に赦されてないという不確かさしか見えなくなります。

そのいい例が「恵まれた」という、日曜日の礼拝の帰りによく使うこの言葉です。「今日の賛美は恵まれた。」「今日のメッセージはよくわかった。」よく耳にする言葉ですが、私が恵まれることやよくわかることが、礼拝の〝本当の目的〟でしょうか。私が恵まれなかったら、そこには神がいなかったということになってしまうのでしょうか。

礼拝の真の目的は、主が崇められることです。あなたではないのです。赦しにかぎらず、私たちは信仰のさまざまな事柄を、主観的に、自分中心に捉えがちです。

キリストの十字架の救いは、「Vの字」で表すことができます。神であられるキリストがご自分を無にされ、へりくだり、天から下ってきてくださいました。それは私たちの罪を、十字架の上でご自分が身代わりとなり、赦してくださるためです。十字架はここで終わりません。三日目に死からよみがえるのです。

そして復活したキリストは、私たちに神の愛を現してくださいました。復活の力を与え、神の愛に生きる私たちにしてくださったのです。キリストの救いは赦しと愛です。この後半の愛の部分を知らないと、救いは、私が赦されるためだけのものとなってしまい、的が外れていきます。

救いをVの字に見ると、神が愛をこの地上で現してくださったのは、私たちがその愛のうちに生きるためだということがわかります。私たちを家族として迎え入れ、どんな時も私たちが神の愛に生きるように助け導くためです。神がいつも共にいてくださるのは、あなたが赦されるためではなく、その赦しを、神の愛としてあなたが他者に伝えるためなのです。

私たちは十字架の救いを、〝神の愛をこの世に放つためにある〟という観点から見る必要があるのです。そうすると、自己だけの救いという狭い理解ではなく、すべての人に神が平等に与えている愛のゆえの十字架の赦しであることが人類の希望としてわかるのです。

苦悩から真理を探求する ～シモーヌ・ヴェイユの神観～

私たちは、真理の見えない時代に生きています。東京大学教養学部で使用されている副教材の中に、「真理を知ることは時代遅れな学問観で、『知』は『フィクション』でなくてはならない」と書かれています。副教材ではありますが、真理というものは存在しないので、だれかが作り出したか、自分で作り出すしかないと大学で教えているということになります。

「真理がない」と謳《うた》う、ポストモダンの時代に生きている私たちです。真理はもうどこにもないのでしょうか。

二十世紀のフランスで、三十四歳の生涯の幕を閉じたユダヤ人哲学者、シモーヌ・ヴェイユは「真理なしで生きるくらいなら死んだ方がましです」と語ります（大木健『シモーヌ・ヴェイユの生涯』勁草書房）。さまざまな苦悩の中を生きた彼女は、暗夜の中に真理である超越した神を見いだしました。生まれつき体の弱い彼女でしたが、二十二歳の若さで哲学の教師となる秀才でした。また、身分の低い人々の痛みに寄り添いました。中学校の教師になっても、当時の貧困労働者と同じ金額で生活し、それ以外の給料は寄付していました。彼らの痛みを知るために教師を辞め、工場で働いたこともあります。体の弱い彼女はここで、肉体的苦痛を容赦なく受けました。この痛みが、真理へと自分を導くと信じていたのです。

キリストと出会った後、周囲から洗礼を受けるようにと勧められたときにも、彼女は大きな決断をしました。洗礼を受けることをやめたのです。それは、洗礼を受けて教会の中に自分が入ると、その当時の貧困労働者たちと共にいられなくなると感じたからです。痛みがあるところにこそ、キリストの十字架があると信じていたからです。

信仰の道を、彼女は自分から始めませんでした。彼女は、すべては「神を待ち望む」ことから始まると考えました。神に従う行為においては人は受け身であるとし、主観の危険性を説きます。「自分探し」では、人生の意味を見いだせないという主張です。
「心の貧しい人は幸いです」と聖書は教えます（マタイ五・三）。この魂の貧しさが徳であり、自分が低くなることで、弱さと直面することで、真理へと導かれていくと信じていました。自分の中に真実がないことを知っていたのです。

「もし魂が愛することをやめないならば、その叫びに対する答えではなく、どのような答えよりも無限に意義に満ちた何ものかとして、神の言葉そのものとして、沈黙の声を聞く日が来る。そのときに魂は、この世における神の不在は天にある神のこの世でのひそやかな現存と同一のものだということを知る。」
（『ヴェイユ著作集2』春秋社）

私たちは目の前に壁があるとき、暗夜を通るとき、どうやって神を見いだしますか。聖書を読んだり、相談したりと何かをすることを思い浮かべるかもしれませんが、彼女はただ、暗夜の中で沈黙しなさいと言います。暗夜のただ中で、目をそむけず、耳をかたむけることを止めず、じっと動かないでいなさいと。自分の欲しい解決や答えを神から求めることをせず、ただ暗闇の中に神の一点の光を待ち望めというのです。何かをするのではなく、神を信頼して私をそこに置く。これが信仰だと言います。解決できたという人間的な達成の上に立つ信仰ではなく、見に見えるものにとらわれず、ただ神の前に待ち望むとき、私を超越した神が「わたしのものだ」と抱きしめてくれていることを見いだすのです。

この世は、便利さを求め、目的を持ち、勝利を勝ち取ろうとします。そのような社会に生きる私たちは、神ご自身ではなく、神がしてくださった何かを受け取ったとき、神を見いだしたと感じます。しかし、それが神ご自身を見えなくさせるのです。そのような神の求め方が、神を見えなくさせてしまうのです。

神から何かを求めることは、内向的で自分中心です。自分に見える答えを期待してしまいますが、暗夜の中に、ただ神ご自身を見いだすことは自分を差し出す行為であり、超越的です。神に何かを求めるときに、見えるものを求めてしまうと人間は見えない（計り知れない）超越した神を見失ってしまうのです。

それゆえに、静寂が必要なのです。静寂はこの世から私たちを解放します。そして、そこにある暗夜に神が私たちを呼んでくださっている声を聞くのです。これが超越への道です。

マタイの福音書一一章二八節に「すべて疲れた人、重荷を負っている人はわたしのもとに来なさい。わたしがあなたがたを休ませてあげます」とあります。イエスさまは、苦悩や重荷を持つ私たちを叱りつけるのではなく、そのままわたしのところに来なさいと言ってくださいます。

ここに出てくる「休ませる」はただ休憩することではなく、「魂を安らかにする」、または「助け出す」という意味のギリシア語です。イエスさまは私たちを呼び、「あなたの助けはわたしです」と教えてくださいます。イエスさまのもとに平安があるのです。

それゆえに、私たちはイエスさまと暗夜を通して出会うとき、変わるはずです。この世に苦悩する私たちではなく、イエスさまの愛と平安の中に生かされている私と出会うはずだからです。

この変化は私の苦悩がなくなったとか、自分の悩みが解決したという変化ではありません。ヴェイユの言う、私たちの主観から脱し、神の愛を受け続ける〝受け身の生き方〟へと変えられるのです。この世の状況に左右されない、神の平安の守りの中にいる私となるのです。

神主導の道へ

「万軍の神　主よ　私たちを元に戻し
御顔を照り輝かせてください。
そうすれば　私たちは救われます。」
（詩篇八〇篇一九節）

この箇所には、神の輝きが私たちを照らすとあります。三位一体の神の御顔がいつも私たちを見つめている。「あなたは高価で尊い」と言ってくれる（イザヤ四三・四）。御顔の光によって救われた私たちです。私たちはこの三位一体の神に自分が受け入れられていることを知り、そして、赦しを受け取ります。

神の人格を現す三位の〝位〟の「Person」という言葉は、東洋の「顔」にあたる「prosopon」という言葉と、西洋の「人」にあたる「persona」という言葉を合わせて「face to face」の関係を表す言葉として作り上げられました。だからこの人格を表す言葉には、ある前提があります。三位一体なる神の人格ですから、いつも相手を思い、相手のために存在し、犠牲の愛を放ち、手を取り合っている姿を現します。それがこの「御顔」です。ここには三位一体の神の愛の姿が写し出されています。

私たちは遠くから、「愛しているよ」と愛を送られているのではなく、三位一体の神の相互的（reciprocity）な愛の関係の中に迎え入れられて、自分の中には到底ない、相手のために犠牲になれる愛をいただき、三位がそこに相手のためにあるように、私たちも「相手のためにある自分」を受け取ることができるのです。これが、三位一体なる神の御顔に照らされるという意味です。

御顔に照らされている私たちが受けるものは、この途切れることなく注がれる愛です。それは、私が愛されることで終わらない愛です。三位一体なる神の犠牲の愛の性質ゆえに、私たちを外向きに変える愛です。

私たちが神の愛を注ぐために生かされるのです。これが神から与えられる本当の赦しです。あなたは本当にこの赦しを受け取っていますか。私たちは、何かができるようになることや、自分がもっと良い人になることで新しく生まれ変わるのではありません。新しく生まれ変わるのに必要なものは一つ、この赦しだけです。


十字架の赦しは私たちの何か（罪）が赦されるのではなく、私たち自身（罪人）が赦されることです。私がした悪い行動や人を見下すような思いを悔い改めるのではなく、私自身を主の前に差し出すことです。私たちが自分の何かを主に差し出しているうちは本当の赦しを体験できません。そのために神は時に私たちに何もできなくさせるのです。何も差し出せないようにさせて、私たちの罪深さを見せます。それは、赦しの入り口です。私には何もできません。あなたの御顔の光を私に照らしてくださいと祈ることしかできない瞬間です。

そして、この赦しを受け取るために「私が必要なのは、イエスさま、あなただけです」と告白するときに、私たちはカルバリの丘でイエスさまと再び出会います。そこで、私が死に、キリストが私のうちに生きるという聖なる体験をします。そこにこそ、聖なる赦しというリアリティがあるのです。

私たちは闇の力から救い出され、そして、愛する御子の支配下に移し出されているのです。そのために、イエスさまはこの地上に来る必要があったのです。ただ、私たちの罪を赦すためだけではなく、三位一体なる神の愛のもとへと買い戻してくださったのです。

旧約聖書の中で表される「救い」というヘブル語は〝赦し〟という意味と〝担う〟という意味があります。救われるということは、私たちの罪が赦されるだけではなく、主が共に担ってくれるという意味です。

四世紀に活躍したナジアンゾスのグレゴリウスが三位一体なる神の愛をPerichoresisという言葉で表しています。これは「お互いが手を取り合い、ダンスをしている」という意味の原語で、お互いを信頼し、相互的に愛を注ぎ合うという意味です。

私たちが救われるとき、私たちは、この三位一体なる神の愛のダンスに迎え入れられるのです。共に手を取り合い、神の相互愛の関係の中で愛を教わりながら、生かされていくのです。私の中に愛がなくても、手を取り合っている三位一体なる神の相互愛ゆえに私たちは他者のために遣わされていくのです。

それが、私が赦されるという主観的な赦しではなく、赦しを受けるという客観的な赦しの意味です。超越した神にたどり着くためには、この受けるという姿勢が大切です。

ただ一つの方法は、自分の外へ出て、自分を外側からじっと眺めることである。

そのとき、外側から、自分の中心に、神があるがままに見えてくる。

（シモーヌ・ヴェイユ『超自然的認識』）

仲間たちから

本番はこれから

伊藤真人

20年ほどずっと良き友として、メンターとして支えてもらっている穣さんから贈られた、私が今でも大切にしている言葉を紹介します。その当時、新婚だった穣さんは、12歳年下の私にも、外からは見えない夫婦の葛藤、愛し合う中での悩みを分かち合ってくれました。私が結婚したとき、こんな言葉をかけてくれました。「家が本番だぞ。」この言葉の背後には、活動的で外に出るのが好きだった若い頃の私をよく知っていた穣さんの思いがあると思います。

今、結婚10年を迎え、その間、何度もこの言葉を思い返してきました。疲れ切って帰る時に家のドアの前で祈ります。「主よ。ここからが本番です。家族をあなたの愛で愛したいです。でも、もう疲れ切っていて何も残っていません。どうか、家族を愛せるように助けてください。」こう祈って家に入ることが何度もありました。

どれだけ歳の差があっても、先輩としてでも、牧師としてでもなく、兄弟として、友として接してくれたことが、私にとっての大きな財産となっています。自分を超えたところにおられる神様を一緒に見上げていける友がいることは、大きな幸せです。

（東京フリーメソジスト小金井教会　牧師）

VIII

暗闇を照らす一点の光

〝暗闇〟という痛みを通して見る光

　ヨハネの福音書二〇章で復活されたイエスさまが弟子たちの前に現れたとき、トマスはその場にいませんでした。私たちだって弱さを覚えるとき、一人になりたいと思います。トマスもそうだったのでしょう。

　弟子たちはトマスにイエスさまの復活を知らせますが、トマスはその話を信じることができませんでした。トマスが「釘の跡に指を入れ、その脇腹に手を入れてみなければ、決して信じません」（ヨハネ二〇・二五）と言ってしまう気持ちもわかります。でも、そんなときにイエスさまは叱ったりしないのです。

　このお話の最後には、「私の主、私の神よ」（同二八節）という、ヨハネの福音書のクライマックスともいえる、最上級の信仰告白がでてきます。それは、弱さを持つトマスによるものです。孤独を感じることのないほかの弟子たちではなく、葛藤の中にいるトマスによるものなのです。聖書には、その後トマスが手でイエスさまのわき腹を触ったとは書いていません。イエスさまはトマスに「信じない者ではなく、信じる者になりなさい」（同二七節）と声をかけられました。原語に近い訳をすると、「信じない、不信仰にならないで、今の信仰をしっかりもって信じ続けなさい」と言っているのです。

イエスさまはトマスに、見ないと信じないと言ってしまうような弱い信仰ではだめだとは言わず、その信仰を保ち続けなさいと言われます。それは、「あなたの信仰はたとえ弱くても、わたしがあなたに信仰を与える」「あなたがわたしの指針で希望なのだから」と主ご自身の中にトマスを迎え入れているのです。だからこそ、トマスは最上級の信仰告白をするのです。神は弱い信仰を責め立てたりはしません。というか、信仰に弱い強いなどないからです。

私たちは自分の信仰を、どうとらえているでしょうか。不信仰になるなとイエスさまが仰ったということは、トマスはまだ不信仰の一歩手前の小さな信仰をもっていたとは言えないでしょうか。トマスは、疑い深かったわけではないはずです。目に見えるものしか信じられなかっただけです。私たちもそうです。でも、そのような私たちにイエスさまが信仰を与えてくださるのです。

「信仰」というとなんとなく、上向きな、光に向かっていく輝かしい光で、力強く信じなくてはいけないというようなニュアンスがあるように思います。でも、そう理解していると、時につらくなったりするものです。トマスはただ、自分に絶望していたのです。でも、その暗夜を通して、まぶしすぎる光を見たのです。暗夜の中、神の光によって目がくらむほどのイエスさまと出会ったゆえに、「私の主、私の神よ」と告白したのです。

十字架の聖ヨハネも、この「暗夜」について話しています。この暗夜が暗ければ暗いほど、そこにいる人間は光がまぶしく感じます。自分の心の暗夜を知れば知るほど、神の偉大さがわかるということです。

この暗夜という闇は、決して悪い意味では用いられていません。〝不足する〟というギリシア語の「スコトス」という言葉ではなく、光が強すぎて〝目がくらむ状態〟という意味を表す「グノーフォス」という言葉でこの暗夜を表現しています（ホアン・カトレット『十字架の聖ヨハネの〝信仰の道〟』新世社）。このくらんだ目から信仰が始まるといいます。私が満たされたから、変えられたからという私の感覚中心の信仰ではなく、私の目は暗夜を見る。そして、その心の暗夜に神が光を照らしてくださり、私を導く信仰の道が始まります。

トマスがこの告白に導かれたのは、自分の功績や達成感ではなく、ただ復活の主に出会い、光を照らされたからです。トマスは復活の主に会えなかったのではなく、一人、イエスさまに呼ばれました。あえて、皆から離れ、孤独の中、導かれ、主の前に進んだ時だったのです。主に何かを求める信仰から、主を求める信仰へと導かれていったのです。暗夜の孤独の中、復活の主に出会ったのです。

時に、主は私たちを、部屋の奥に呼ばれます。それは、私が神の痛みの中にとかされ、痛みにおいて彼と一つとなるためです（北森嘉蔵『神の痛みの神学』）。私たちの信仰は、主の偉大さを認めるためにあります。信仰はこの暗夜をなくす力ではなく、この暗夜の只中に立ち、主からの光を待ち望む神だけを信頼することなのです。

「信仰とは人間にとって、暗夜のようなものである。」

（十字架の聖ヨハネ）

キリストの苦しみを与えられている喜び

「あなたがたがキリストのために受けた恵みは、キリストを信じることだけでなく、キリストのために苦しむことでもあるのです。」

（ピリピ人への手紙一章二九節）

自分が調子が良いとき、また目指していることができているときは順風満帆だと感じます。人と同じようにできているときは悩むこともありません。でも、うまくいかないとき、不安で苦しいときはだれにでもあります。絶望して立ち上がれなくなってしまうときもあるかもしれない。そういうときにどこを見るかで、大きな違いが生まれます。ここでは「目線」についてお話します。

私は生まれつき左手の指がないので、心には常に劣等感がありました。教会に行くようになり、「信じて、生まれ変わりなさい」という前向きな言葉を聞くようになりました。でも、私には「あなたの指が直ることを信じなさい」というふうにしか理解できず、とても苦しい思いが心を支配していました。治るものなら治したい、とずっとだれよりも思ってきたのです。できるなら前向きに生きたいとずっと思っていたと、怒りさえ湧いてきました。

祈ったら大丈夫、信じたらすべてうまくいくというハッピーエンドの信仰は、私を苦しめました。「そんなのわかってる」「できることならそうなりたい」。

でも、どうしても変わらない自分の弱さが付きまとっていたのです。信じられるものなら信じたい。でも、どうしてもできないという葛藤がありました。

そのようなとき、「キリストを信じる信仰」だけが与えられていたら、私たちは信じ続けることができなくなって、葛藤してしまうものでしょう。信じられないときに信じる信仰を示されても、信じられないのが私たち人間です。そして、信じられない自分を余計に嫌いになるものです。信じることだけが恵みだったら、おそらく私は落ち込みすぎて、何もできなくなっていたはずです。

でも、ここに、「キリストのために苦しむ」恵みが与えられているとあります。『詳訳聖書』では「キリストのために苦しみをも受ける」とあり、ルカの福音書二四章四六節の「メシアは苦しみを受け、三日目に死者の中から復活する」の「苦しみ」と同じギリシア語が使われています。苦しむとき、神を信じることができないとき、もう前を向くことができない、絶望しかないとき、私たちはこの「キリストが経験した苦しみ」をも賜《たまわ》っているというのです。

それは、「あなたの苦しみは、わたしの苦しみだ」と、十字架の上で語ってくださるイエスさまの愛です。イエスさまは、私たちが神を信じられないとき、「信じなさい」と言うのではなく、「すべてわかっているよ。あなたのその苦しみにわたしも寄り添わせてほしい」と言ってくださっているのです。

主の愛は、すべてを捨てて、神であられることさえも投げ出し、この苦しみを共に背負ってくださるのです。私たちが苦悩の暗夜を通るとき、その暗夜は、イエスさまと出会うためのものであることを知るのです。「キリストの苦しみ」を与えられるとき、私たちは主の光を受けます。私たちの絶望も苦しみも、すべては主の御手の内にあることを覚えるのです。

　この暗闇を照らす一点の光は、私たちを神の愛の深みへと導きます。そのときに私たちから出るものは何もありません。この、何もないことを知ることが大切なのです。この暗闇から始まる私があることが希望なのです。

　学校をやめて何もしていないという青年に、「これからが楽しみだね。何もしていない時も大切だからね」と伝えたことがあります。後でその青年から、その言葉にとても助けられたと教えてもらいました。他の周りの人からの声は、行動を起こさないのとか、どうして働かないのということばかりで、苦しかったと思いを打ち明けてくれました。自分の中には死にたいという思いがいつもある中でも、自分は目の前にある苦しみばかりを見ていて、目に見えない神が与えようとしている愛や計画を見ていなかったと告白してくれました。そんな青年の姿を見ていて、私のほうが励まされました。

　私たちに必要なのは、信じられるようになる方法ではなく、苦しいときにこそ、イエスさまも共に苦しんでくれていることを覚えて、神を見つめることが大切です。

私たちが信仰を強くし、問題を解決することではなく、この問題を解決してくださるのはイエスさましかいないと、イエスさまご自身を信じることが大切です。ここが信仰について、私たちがよく間違いを起こしてしまうポイントです。私たちが主観的に信仰をもって強くなるのではなく、客観的にどれだけイエスさまが私を愛しているのかということを見て、信じ、その愛を受けることが信仰なのです。

その愛を受け取るためにある「キリストの苦しみ」です。そして、その愛は私たちを押し出し、私の苦しみはあなたのためにあるという、神の愛を伝えるものとなります。

あなたの苦しみは、実は人のためにある。

そして、人のために傷つくことを良しとできるあなたへと変えられていくのです。

「神への愛は歓びと苦しみが等しく感謝を呼び起こす時、純粋である。」

（シモーヌ・ヴェイユ『カイエ2』みすず書房）

61

心の隙間を見つめる勇気

皆さんはスケジュール帳に空欄があると埋めたくなるでしょうか？　予定がいっぱいだと、なんだか自分に価値があるように思えます。隙間があるより、詰まっていたほうが安心したりするかもしれません。しかし、そこに神を見えなくさせている要素があります。

それは成果主義、満足、達成感です。私たちは神以外のもので自分の心を埋めようとします。だから、神の声が聞こえないという状態に陥りやすいのです。

現代に生きる私たちは、じっとしていることが苦手です。しかし神の声を聞くときに、じっと静まることは大切です。「努力すれば何とかなる」というキャッチフレーズに希望を感じたりもしますが、本当は努力しても報われないことがあることも教えなくてはいけないのかもしれません。

失敗は無駄ではないことや、時には静まることを教えることも大切です。動かないと何も始まらない、という考え方では〝心の隙間〟は見えません。この心の隙間を埋めることのできるのは超越した神である、ということを見いだしたいと思います。

よく養老孟司さんの本を読むのですが、『いちばん大事なこと』（集英社新書、二〇〇三年）の中に「『起こったこと』だけをつないだ歴史は、何かが起こらないようにするために日常的に払われている努力を無視している」という一節が出てきます。本当にそうだなと思いました。

私たちも神がしてくれたことだけを見ていたら、超越した神が見えなくなります。何もないかのように見える人生のページにこそ、実は大きな神の守りと恵みがあります。私たちの知らないところで、神が地道に導いてくださり、何の生産性もない私の痛みや葛藤に寄り添い、涙してくださっていることを知るときに、私たちは超越した神と出会うのです。

神が願いを叶えてくれた、という視点だけではたどり着けない信仰の境地があります。目に見える感謝だけではたどり着けないのです。「神様がしてくれたこと」は養老孟司さんの言う、「起こったこと」です。確かにそれも恵みですが、その背後に「起こらない」という神の守りと計画と恵みがあります。

歴史を見るとわかるように、起こったことよりも断然、何も起こらない時間のほうが多いです。「神はすべての出来事を超越して、いつも私たちのそばにいる」ということは、〝何も起こらない〟ということを見つめないとわからないのです。

また、こうあるべきという方法論は神を見えなくさせてしまいます。なぜなら、方法論で心の隙間を埋めてしまうからです。神学生から、こんな悩みを相談されたことがあります。とてもまじめな彼は、説教学で説教の要点を三つのポイントにまとめて語るやり方を学んでから、デボーションができなくなったと言うのです。聖書を開くと三ポイントを探してしまい神が見えない、と。私は彼に「もし神様が見えなくなるなら、そんなものは捨てなさい」と言いました。こうあるべき、という方法をもつことで、神が埋めてくださる心の隙間を自分で埋めてしまうことになるのです。私たちは主の前に、空っぽのままの心を差し出す必要があります。

シモーヌ・ヴェイユが『重力と恩寵』（春秋社）の中で、心の隙間のことを「真空」という言葉で語っています。明日を知ることや、神の計画を知ることで安心する信仰ではなく、明日さえ、神の計画さえわからないという、私の理解を超える神の偉大さを受ける信仰がこの真空だと言います。

この真空という心の隙間に、目に見える形の答えを求めてばかりいると、私たちは目に見えない超越した神の御姿がわからなくなります。それゆえ真空は、真空である必要があるのです。ヴェイユは、真空には恩寵という恵みが入ると言います。「恩寵は空いているところを満たす」と言うのです。

また、この真空を作るのも恩寵であると言うのです。私たちの知性では知ることができない大きな恵み。それは、神の恵みによってのみ知ることができます。真空を満たすものを知性を使って集めるのではなく、神が満たしてくださることを恵みを通して受け取るのです（『重力と恩寵』）。

この真空が、神が私たちに見せてくださる暗闇です。暗闇には神がおられないのではなく、一点の光である神が希望を照らそうとしているものです。私たちは、この神の光を待ち望むのです。この光こそが、神が私たちに下さる信仰です。「魂を照らす神の光」（ジョン・ウェスレー）がこの真空を照らし、超越した神が現れてくださるのです。

〔初出・月刊「いのちのことば」二〇二一年二月号〕

下る信仰

自分が弱っているとき、イエスさまのところに行って元気をもらうのは良いことです。しかし、元気になった途端に、「それでは行ってきます！」と、イエスさまのところから離れてしまう感覚を体験したことはあるでしょうか。

また奉仕で疲れきっているときに、イエスさまのところに行って力をもらってがんばる。しかし、また疲れてイエスさまのところに行く。ガソリンがなくなったときだけガソリンスタンドに行くように、満タンのときは必要とせず、空っぽのときにだけイエスさまを必要としていませんか。どんなときでもイエスさまと一緒にいたいのに、なぜ離れてしまうのでしょうか。

それは、自分が向上することを目指しているからです。本当の信仰の成長は自分が下り、減少する道にあるのです。

私たちは、いろんなことができるほうが自信になる、やりがいがあるほうが幸せだと思ってしまいます。スケジュールが埋まっていないと、自分は必要とされていないのかなと不安になってしまうことがあるのは、「減る」よりも「増える」ほうがいいと思っているからです。

本書で幾度となく登場しているユダヤ人哲学者レヴィナスは大虐殺《ホロコースト》を体験し、親戚をみな殺されました。彼は収容所にいるときに、自分の指針が崩壊する経験をします。収容所に入る前、レヴィナスは大学の講壇から希望を語り、愛を語っていました。しかし、収容所の中で人間がいとも簡単に人を裏切り、憎み、殺し合う様を体験し、自分が真実だと思っていたことがすべて崩れてしまいました。

彼は嘆きました。明日がどうしてくるのか、と。明日があることが苦痛で、死ぬことしか考えられなくなっていました。そんなときに、神からの気づきがありました。それは、自分の中には絶望しかない、しかし、明日が来るということは、〝私は生きているのではなく、生かされている〟という気づきでした。自分の中に何もなくなるときに初めて、私たちは神の偉大さがわかるのです。暗闇を通して神の深みへと進むのです。レヴィナスのように自分の心の暗闇にある絶望を認め、神のもとに下るときに、自分をはるかに超える創造主なる神と出会うのです。それは、祈りを聞いてくれる神ではなく、私の願いをも超える大きなご計画を持つお方です。

自分の理解できる範囲の神を見るとき、私たちは神が〝してくれること〟を見ています。しかし、暗闇で出会う神は計り知れないので、あなたはきっと神の本当のお姿を確かめようとするでしょう。何をしてくれるかさえもわからない。しかし、神がそこにいてくれるだけで平安があります。

「私」が下るとき、この私を愛で包み込む神に出会うのです。私たちが人生をどう生きていくかではなく、いのちが自分の外から与えられ、生かされているのです。そこには、十字架の犠牲の愛があります。与えられたいのちがあります。聖霊が共におられ、新しい「私」を始めてくださるのです。

ですから、私たちは増えることを目指すのではなく、減少する必要があるのです。信仰は、私が下る道です。

キリストの賛歌（ピリピ人への手紙二章）には、イエスさまがご自分を無にされ、へりくだって人となって、私たちの罪を贖うために十字架に架かってくださったことが書かれています。そのへりくだりと従順さを読んで、私たちは「キリストを模範とする」ことを目標にするかもしれません。本田哲郎師が訳したこの箇所は、キリストのへりくだりを模範とするのではなく、「低みから働く神を啓示しているキリストの賛歌」だと言っています。貧しく生きよう、へりくだろうと教えているのではなく、たとえ人が人生の「低み」にいようとも、そこから人を救い出してくださると語っている、と言いました。

私たちが信仰の下る道を行くのは、キリストを模範としてへりくだって自分の人生を生きるためではありません。イエスさまの愛を知れば知るほど、低みから恵みを注いでくださるイエスさまの謙虚さと出会うのです。王としてではなく、人としてこの地上に来られたイエスさまがいる場所、その低みへと下りたいと思います。

レヴィナスは「身代わりによってこそ、私は一人の他者ではなく、私なのである」と言います。暗闇を下るとき、あなたは、神から始まる自分と出会います。何かできる自分ではなく、「私を救うことができるのはあなただけです」と力強く告白できる、あなたの始まる瞬間です。

〔初出・月刊「いのちのことば」二〇二一年三月号〕

61 愛されるからではたどり着けない神の愛

神の愛と他の愛の違いは何でしょうか。プラトンは、「私はあなたを愛している。私にはあなたが欠けている。私はあなたが欲しい」と、愛を恋人同士の恋愛の「エロス」として描いています。これは、自分が好きな部分を持つ相手を好きになる愛です。アリストテレスは、「私はあなたを愛している。あなたが私の喜びです。そのことが私には嬉しい」と、愛を人間同士の友情の「フィレオー」として描きます。これは大切に思う人に同情したり、助けようとしたりする愛です。

これらの愛には限界があります。恋愛や友情は同じ価値観の下に成り立つものです。もし相手が浮気したり、裏切ったりすると壊れてしまいます。

シモーヌ・ヴェイユは愛を、「私はあなたを無に等しい私のように愛している。神様が私たちを愛するように、あなたを愛している。私は私の力をあなたの弱さのために発揮し、私のささやかな力をあなたのために発揮しよう」と、神の「アガペー」の愛として描いています。

この神の愛を示す「アガペー」の愛は、自分を放棄する愛です。私たちは本当に神の愛を受け取っているでしょうか。イエスさまの愛を受け取ることの真の意味は、愛を自分の心にしまい込むのではなく、自分が崩壊し、他者のためにある自分（与える自分）であることを受け入れることです（レヴィナス）。

私が愛されるとき、私は愛を受け渡す存在となるのです。愛されるだけでは、神の愛は完全な形であらわされていません。

イエスさまのへりくだりの愛を一番にあらわしているのは、クリスマスです。これまでの話をふまえるならば、クリスマスは〝私のため〟で終わらないはずです。私の隣にいるだれかのためにクリスマスはあるのです。

神の愛を受け取るとき、主語が「私」ではなく、「神」になるはずです。そこに愛の自由があります。主語が「私」のままだと、神より「私」が愛されることを求めてしまいます。愛されることを求めていると、その先には愛される・愛されないとの比較が必ず生まれ、不安が付きまといます。

聖なる神の愛を受けるとき、私たちはこの比較からも解放され、神の家族として招き入れられることを知るのです。そして神の家族として、神の愛を放つ者とされていくのです。これが本当のクリスマスの意味です。

また、クリスマスは、一番愛するひとり子を、三十三年半後にどうなるかを知ったうえでこの地上に送ってくださった、父なる神の犠牲の愛があらわされた時です。ですから十字架の上にあっても、イエスさまは見捨てられていません。父なる神はその痛みがあるところで、イエスさまと共におられたからです。愛する者が目の前で苦しんでいる。身代わりになれるならと、何度思ったことでしょう。

シモーヌ・ヴェイユが『超自然的認識』(勁草書房)の中で、神にとってクリスマスは、聖金曜日と同じくらい悲痛な祭日だろうと言っています。私たちを愛する父なる神は、その苦しみをも背負ってくださったのです。そして、最後まで父の愛を信頼しきった子なるイエスさまの従順な信仰があります。
この愛の関係が私を救い、私は神の家族となったのです。そして、今度は私がその愛を伝える番です。クリスマスは私で終わらない、終わらせてはいけない。苦しみの中にある人のところに、暗闇を照らす一点の光が発揮されたわけです。ここに神の自分を放棄する愛があります。

「犠牲は、神へのささげものである。神に捧げることは、破壊することである。だから、人は、神は創造することによって、権利を放棄したと考え、破壊することによって、神に権利を回復させるのである。」
（シモーヌ・ヴェイユ『超自然的認識』）

私たちは人を愛するときに限界を感じます。愛が溢れていたと思っても、すぐに乾いてしまいます。しかし、神の愛は永遠です。乾くことのない水です。川には伏流水というものがあるのをご存じですか。伏流水とは、川底の下にある水脈です。干上がっているように見える川でも、石や砂利の下には水脈を保つために細く流れる伏流水があります。神の愛も同じです。私の心が乾ききったと思っても、伏流水のように神の愛は涸れることがなく、私たちの心に流れているのです。その愛は私を溶かし、愛するための自分へと変えられていくのです。

あなたは愛されるために生まれてはいない。

愛するために生まれているのです。

〔初出・月刊「いのちのことば」二〇二一年一月号〕

おわりに

この本を手に取って、読んでくださり、ありがとうございます。

私の人生を振り返ってみると、神さまが私を思いがけないところから、計り知れない計画をもって導いてくれた連続でした。劣等感のかたまりで、人前で話せないような私が、ただ神さまの計画を受け取り続けた人生なのです。

言い換えると、私がですねえ、私の外から始まった人生なのです。賜物があるからその人を用いるという神さまではなく、何もないところからすべてを造られた神さまが私のうちに生きてくださっているのです。

その、神さまの計り知れない愛を伝えるためだけに筆をとりました。

神さまは計り知れないわけです。次の一手がどこからくるかわからない神さまなのです。それなので、神さまをわかるための方法論を書いたのではなく、計り知れない（わからない）神さまであることを伝えるためだけに書きました。何が言いたいかというと、わかりづらくてごめんなさいということが言いたいのです。

でも、何を言っているのかよくわからないこの本のあとがきを読んでいるということは、それはですね、絶対神さまがあなたを暗闇を照らす一点の光で呼んでいる証拠だと思うのです。

私はもうだめだと、自らの命を絶つ人がたくさんいるこの社会にあって、私はだめでも神さまが計り知れない愛であなたを愛しているということを、みんなで伝えていけたらと思います。アーメン！（ぜひ、ここで苦難の中にいる人たちのために祈る。）

上野の公園でホームレスの人たちと礼拝を十六年続けています。と、書くとですね、「すごいですねぇ」と言われることがあります。でも、実際はそうではないのです。続けているのではなく、継続を与えられているのです。それは神さまが私を呼んでいるということなのです。なぜなら、この場所が私にとって神さまと出会う一番の場所だからなんです。

イエスさまが、どうして取税人や罪人と食事を共にするのかがよくわかりました。彼らは心に何も持たずに、イエスさまを必要としている心のままでイエスさまを求めたのです。ホームレスの人たちと礼拝するときにこの空虚感（「真空」シモーヌ・ヴェイユ）を感じます。

でも、不思議なことに絶望感ではないのです。そこにこそ、一筋の信仰が見れるのです。時に、涙を流して歌っている人がいます。上を仰ぎ見て賛美している人。下を向き黙っている人。写真を手に泣いている人。だれもが何もないところから神さまを求めているのです。

それは何もない私を神さまが拾い上げ、私を始めてくださった奇跡を思い返す機会なのです。このように、人間の目的意識や表面的な部分で見えなくさせている〝超越した〟神さまをもう一度みんなで探す。そこに日本の教会の未来があると思っています。

最後に、この本と同じタイトルのYouTubeチャンネル、「信じても苦しい人へ」を立ち上げました。ここで一章ずつ解説動画をアップしていきます。より深く神さまの本質を分かち合いたいと思っています。ぜひお立ち寄りください(https://www.youtube.com/channel/UChEYY1vqdw4l55gN7EHd3dg)。

何もない私を引き受けてくれた田代幸雄先生、暎子先生に感謝します。また、計り知れない愛を共にミシシッピーで学んだ同志とこの本を作れたことに感謝します。修正をしてくれたただ君といのちのことば社の米本さん、本当にありがとうございました。どこまでも支えてくれる愛する妻と、こんな私を愛してくれる子どもたちへ感謝を込めて。最後に、この本を手に取ってくれた神の家族のみなさんに感謝します。共に神さまの愛を必要とされている人のところへ遣わされていきましょう。

二〇二一年　春

中村　穣

信じても苦しい人へ
——神から始まる「新しい自分」

2021年 4 月25日　発行
2023年11月 1 日　7 刷

著　者　中村　穣

印刷製本　日本ハイコム株式会社

発　行　いのちのことば社
〒164-0001 東京都中野区中野2-1-5
電話 03-5341-6924（編集）
03-5341-6920（営業）
FAX03-5341-6921
e-mail:support@wlpm.or.jp
http://www.wlpm.or.jp/

ISBN 978-4-264-04247-1

著者

中村　穰（なかむら・じょう）

日本の社会になじめず、18歳のときにアメリカへ家出。

ひとりの牧師に拾われて、アメリカでの生活が始まる。紆余曲折を経ながらも大学を卒業。助けられた恩師と同じ職に就きたいと、牧師になる決意を固める。

2009年、米国のウェスレー神学大学院を卒業し、帰国。上野の森キリスト教会で宣教主事として奉仕。上野公園でホームレス伝道を16年続けている。

2014年から飯能の山キリスト教会を立ち上げ、教会カフェを始める。現在、地元の聖望学園で聖書を教えつつ、自由学園明日館でキリスト教思想史哲学の講座を担当している。